话要这么说 人要这样带

[日] 山岸和实 著
蓝朔 译

人間関係がうまくいかないのは
その「ひと言」が足りないからだ

序　言

我以前做过促销员，也在经济杂志和专业报纸做过编辑和记者，当过调查员，做过服务业人才培养和指导机构的顾问，为此制订培训计划，传道授业，涉猎过各行各业，从事过各种各样的工作。

如今，我依照预防医学和预先护理的理念，以一名理疗师的身份经营着一家康复中心，同时也发表演说、撰写书籍。

这些都是以“人”为对象的工作，其间我也的确遇到了形形色色的人。由此，我发现了一件事：有时，一句话就可以改善你和周围人的人际关系。

我们经常会因为他人不经意间的一句话，就鼓起了勇气，展露出笑颜，开始接受一些事，并认真思考，甚至感动得不能自已，直到下定决心……

可以毫不夸张地说，这“一句话”中，蕴藏着改变人际关系的力量！

有些管理者需要教育、指导部下和后辈；有些人希望跟上司和前辈搞好关系，进一步得到肯定；有些人面向客户，从事着与服务、零售和销售相关的工作；有些人为人父母，忙于家教和育儿……这些人都想加深自己和部下、后辈、上司、前辈、客人和孩子之间的关系。如果各位可以借由我这本书找到属于自己的那句话，我也就满足了。

山岸和实

目录
Contents

Chapter Two 一句话拉近距离

Chapter Three 一句话说服他人

Chapter Five 一句话获得结果

Chapter One

一句话赢取人心

想亲近对方，赢取信任、增进感情时▷

“就是想听听你的声音。”

以前人与人之间的交流主要是靠电话而非邮件。

我不禁回想起我做记者和编辑时在外奔波的那段时光……

当我申请采访那些名人、企业家、政治家，用电话进行访谈的时候，都会事先准备好问题提纲，在脑海中整理好思路。为了能让对方接到电话，要考虑对方的情况，估算时机打过去，以免失礼。为此，我花了不少工夫让自己镇定下来。当然，从对方接起电话那一刻开始，我还是会无比紧张地握着话筒。

但是现在，邮件已经取代电话成了主流，它可以轻易地传达内容。尽管如此，还是有人觉得不打电话就不舒服。

和发邮件不同，打电话能听到人的声音，还可以通过语调、措辞、说话方式等获得各种各样的印象和信息，比如对方是年轻的女性，心情好像不太好，家不是东京的，人好像很诚实之类的。由于打电话时能强烈感觉到自己在和对方交流，因此也不难理解有人宣称自己更喜欢打电话。

“正是因为我非常重视与员工的交流，才能让企业发展成业界老大。”说这句话的人曾经是名企业家，他也是一位偏爱打电话的人。我与他结识后，时常会接到他的来电：

“我也没什么特别的事，哈哈，就是想听听你的声音……工作顺利吗？”

“我就是想听听你的声音……下次有空出来吃个饭？”

……

对于我这种年轻人，他总是如此关心，每当这时，我都会非常感动。

当你的恋人打电话跟你说想听你说话时，当你老家的母亲打电话说想听听你近来是否无恙时，你会不会莫名有些开心呢？

要知道，人对于那些就算没有特别的事也会表达关心的人会抱有好感。

要点▷ 快忘记对方时，打一个电话吧。

想接近对方、想让对方感到亲切并留意自己时▷
“我也是呢！”

和对方的共同点越多，谈话时就会越起劲，就越容易放得开。因此，如果想拉近和对方的距离，就不能放过对方和自己之间的共同点。一旦发现有什么共同点，就可以说：

“你家是……的啊！我也是呢！”

“你是 × × 高中（大学）毕业的呀！我也是呢！”

“你喜欢……呀？我也是呢！”

“我也遇到过这种事！一样呢！”

……

这样一来，不仅能缓解紧张的情绪，还可以产生亲近感，让初次见面的人也能熟络起来。

不过，如果平时生活中留意的话，你就会发现，其实我们经常能碰到这种充满偶然的共同点。比如总感觉自己和周围人都很投缘，结果发现部门里所有的工作人员都和自己是同一个血型和星座之类的。平时要是很注意这些事，共同点就未免太过明显，以致让人觉得奇妙，甚至有些不舒服。但发现共同点的时候，又会认为它暗示有什么在指引着自己。由此，也会觉得各种各样的相逢变得令人兴奋而喜悦。

无论怎样，你和他人之间至少会藏着一两个共同点，所以，在与对方接触时试着思考下双方的共同点吧。一旦发现，说不定就可以以此为话题，一下拉近和对方的距离。

要点▷ 谈起共同点，双方的想法就会靠拢。

想帮助对方、增进感情时▷
“有什么我能帮忙的吗？”

有一次，我提早到了培训会场。正当我忙于各种课前准备时，参加培训的学生陆陆续续地进来了。

因为距离培训开始还有一段时间，参加培训的学生们就忙着聊天，讨论培训的内容，用好奇的眼神看着我。

这时，一名年轻女性走近我，对我说：

“有什么我能做的吗？”

我完全没想到有人会对我说这样一句话，由此非常感动。

另外，我在工作中也常遇到这种情况。

当我碰到因自己能力不足而感到棘手的工作时，同事和前辈会对我说：

“要帮忙吗？”

“我来帮你吧！”

当我因工作手忙脚乱时，部下和后辈会对我说：

“我能做些什么吗？”

“有什么我可以帮忙的请尽管说！”

就是这样简单的一句话，让人觉得多么可靠、多么开心啊。

此外，在志愿者们服务的地方，经常能听到有人用这句话作为开场白。

“有什么我能帮忙的吗？”

“有什么我能做的吗？”

“有什么我可以来帮忙做的吗？”

……

我因这么多自愿发出的声音而感动了。

所以，当上司和部下因为工作而烦恼的时候，当朋友和恋人埋头苦思的时候，当妻子或丈夫忙忙碌碌的时候，当孩子怀有心事的时候，对他们说一句这样的话吧，他们一定会很高兴的。

如果能在公司和家里很自然地听到这句话，那便是再好不过的了。

要点▷　“有什么我能帮忙的吗？”正是这种自愿让对方感动。

想培养信任、增进感情时▷

“家里人还好吗？”

我在公司上班时遇到过这样的事。

走进电梯，和总经理不期而遇。

他突然问我：

“你家里人还好吗？”

“托您的福，一切都好。”

“那就好。”

在卫生间，和上司不期而遇。对方突然问我：

“对了，我在新闻上看到发生……了，你老家没事吧？”

“还好，没事的。”

“那就好。”

在座位上工作时，后辈走过来对我说：

“听说您家人住院了……没事吧？”

“没事的！没事的！多谢你担心我。”

这种无意间表达的对自己家人的关心，让人甚为欣慰。

因此，在公司的时候，我也留心仿照他们，若无其事地用一句话来关心对方的家人。

“你家人还好吧？”

“你老家没事吧？”

“你孩子身体恢复了吗？”

此外，对来康复中心的人，我也会留心用一句话，不动声色地关心对方的家人和宠物。

“后来您儿子（女儿）还顺利吗？”

“您养的……还好吗？”

“老奶奶身体还好吗？”

……

要点▷ 关心对方的家人，可以增进双方的关系。

想获得部下和后辈的帮助时▷

“麻烦你教我一下吧！”

做上司和前辈的人有没有坦诚向部下和后辈请教过呢？说不定他们还会想着要尽量避开这一点吧？

有不少人觉得，与其问部下和后辈还不如自己来查。他们不想被看不起，不想被轻视，所以即使遇到问题，也会憋着一口气忍耐下去。这种心情我的确非常了解。

但是，当上司问我“山岸，这个读什么”时，我有些高兴。因为虽说是件非常小的事，但对方毕竟需要自己了。

而我对上司的尊敬并未因此有所动摇。

当老前辈对我说“山岸，教我下这个吧”的时候，我也是很高兴的。

完全不会觉得“怎么这都不会？”

总经理问的时候，我当然也很高兴……

所以我自己就能很自然地向部下和后辈请教。

“××，能教我下这个吗？”

“××，麻烦你教我一下吧！”

“××，你能给我讲解下吗？”

……

这样一来，大家就会非常乐于告诉我。

因此，各位也可以试着随意地请教一下部下和后辈。

再没有什么能比自己可以为他人所用的那个瞬间更令人高兴的了。

比如，如果家里有孩子，不要总教导他们，偶尔也要向孩子请教一下。

对方一定会双眼发亮、满心得意地告诉你的。毕竟，有人需要自己，是一件让人愉悦的事。

要点▷ 能为他人所用的感觉，可以激励一个人。

在邮件中想留下亲切温和的印象时▷
“……（笑）”

当你收到别人拜托自己的邮件时，看见命令口吻的“请你……”会感到不愉快，甚至生气吧？

但如果用“请你……（笑）”的写法会怎样呢？

恐怕给人的印象会完全不同。虽然“（笑）”不是“一句话”而是“一个字”，但它的效果也不容小觑。无论是多么严厉、多么冷淡、多么苍白的一句话，只要加上一个“（笑）”，意思就会发生改变，语句也会流露出感情来。

当然，并不是在任何句子后都可以加上“（笑）”的。尤其是对前辈、上司、交往甚浅的人，随意使用会被对方视为无礼的。

所以，必须仔细观察，才能弄清它是否能够奏效，一流的员工极为擅长这点。

要点▷ 用一个笑脸来传达自己的感情。

在对方不安、担心、失落、恐惧时▷

“没问题的。”

去医院的时候，我们难免会不安，担心得了什么病，要做什么检查，要做什么手术。这时，护士常常会说一句话：

“这位病人，没问题的。”

就是这样的一句话，让人放松了心情，鼓起了勇气，得到了宽慰。对吧？

比如你接到一个从未做过的工作，正当不安担心之际，上司和前辈不经意间对你说：“你没问题的！”

就是这样的一句话，便会让你放松心情，鼓起勇气，有了心灵的支柱。

此外，我做理疗师时发现，第一次来康复中心的人之中，有不少人表情阴暗失落，心情郁闷。当然，很大一部分原因是他们身体不好。因此，为了能让他们打起精神来，其他的患者就会说些治疗成功的案例，再加上一句：“你也会没事的。”

当然，不可能所有事情都百分之百没问题。所以，要观察对方的脸色慎重使用这句话。

此外，越是因为这句话脸色变好的人，后来身体好转以至恢复的概率也就越高。

所以，“病由心生”这句话还是有道理的。

要点▷ 越是在心情低落时，不经意间的一句话越能让人心生感激。

想支持和鼓励对方时▷

“无论何时，我都是你的伙伴。”

在我还是杂志记者的时候，公司收到了一份存证信函。

我写的报道被控告损害他人名誉。

因为那篇报道涉及风评不太好的企业和人物，在熟知业界的媒体人之间算是一个采访禁区。送存证信函来威胁是他们常用的手段，由于举报人未露面，自然也是按照惯例往和解的方向来解决。

因此，从结果上来看，对方没有露面就和平解决了，而我在精神上却受到了极大的打击。这肯定也在对方计划之中吧。

当时，我基于几份很难拿到的证言写了那篇报道，自己颇有些抢独家的架子。但是，一听说要打官司，之前写报道时与我合作的人通通都摆手变卦。因为一直有传闻说对方和一些不太好的组织有关，没有人愿意作证，这让我大受打击。

“我采访的时候没说过那种话。”

“你把我说的话都忘了吧……”

“这件事解决后我再单独找你说？”

还有借此要钱的……

我本以为是同伴的人，态度变化竟然如此之大，对此，我愕然不已。说实话，那时我甚至已经不相信人类这种生物了。

在那种情况下，有一位同事却对我说：“无论何时，我都是你的伙伴！”这对我是多大的支持啊。

恋人或家人姑且不论，在对方的立场和情况下，对一个深陷痛苦的人说出这句话，需要极大的勇气和责任感。

即使如此，因为我无法忘记当时那句话给我的支持，所以我也会对陷入困境孤立无援的人鼓励道：“无论何时，我都是你的伙伴。”

要点▷ 要让对方注意到，他绝不是一个人。

想让对方放心、想增进感情时▷

“我和你一起……”

我接受进行培训的邀请后，如果发现培训会场在很远的地方，就会担心自己会不会迷路。

这时，假如对方说：“我在车站接您，和您一起去会场。”就会放心了。

在工作中，当上司和前辈让我去某个地方做某件事或者交给我某项工作时，工作越重大，我的不安和担心就会越严重。但是，当别人跟我说“我也和你一起，不用担心！”时，就不禁松了一口气。

所以，给客人和来宾引路的时候可以说：“我和您一起，不用担心。”给部下和后辈布置重要工作的时候可以说：“我和你一起，完全不用担心！”“万一出什么事，我会和你一起处理的，没关系！”

甚至对目标明确、热心工作的年轻员工也可以说：

“我们一起努力吧！”

擅长育儿的母亲经常会说“和妈妈一起……吧！”“妈妈和你一起，没问题的！”之类的话，这样，孩子就会乖乖听话。各位可以效仿一下。

要点▷ “一起”是关键。

想消除对方的不安和担心、想帮助对方建立自信时▷
“自然而然就会了。”

我和某个专业领域人士交谈时感慨过：

“好厉害！要是我肯定就‘三天打鱼，两天晒网’了，我完全做不到啊。”

对方说：“不是努力就会达到这一步的。按照你自己的风格提升工作效率，自然而然就会如此了。所以，山岸，你也可以的。”

我在牧场工作的时候，和改当素食主义者的朋友说：

“好厉害！但是只吃蔬菜会不会不够啊？”

朋友说：“一点也不辛苦的，你要是在这里生活，自然也不会想吃肉了。”

我赞叹离开公司去当工匠的熟人：

“好厉害！你学这个技术下了很大功夫吧？”

熟人说：“哪里，周围都是优秀的前辈，只要每天同吃同住，你也自然而然就会了。”

所以，当部下和后辈说“太厉害了！”“我不行的……”“我能做到吗？”的时候，要想消除他们的不安和担心，就要多鼓励他们：

“不只有被选中的人才能做到！只要努力，你也自然而然就会了！”

“不是因为有特殊的才华才会的！你要是继续下去，也能自然而然地掌握的！”

“不是拼命想才想出来的！你只要多经历经历，自然而然就会改变的！”

“你可能觉得每天都很辛苦！但只要习惯了，自然而然就能做到的！”

……

要点▷ 要让对方明白，环境使人进步。

听到对方发牢骚不知如何应对时▷
“这不是挺好的嘛。”

我经营康复中心时，和病人们熟了以后，他们总会对我抱怨发牢骚。这说明他们对我敞开了心扉，让我很高兴。那我就说说我是怎么应对的吧。

病人说：“最近我丈夫迷上了做饭，还做了咖喱给我吃，但他在里面居然放了魔芋……”

我便说：“他很拼命很用心啊，这不是挺好的嘛！”

病人说：“奶奶真是特别固执，我说什么她都不听！但要是年轻男助手说的话，她就完全照做……”

我便说：“说明她有颗少女心呀，这不是挺好的嘛！”

病人说：“因为我妻子要去打工，做菜就图省事，最近总做一锅炖菜，昨天是炖豆腐，今天肯定煮一锅咖喱……”

我便说：“这是她的家务小技巧呢，不是挺好的嘛！”

当然，我会根据话题的内容，尽量注意往“好”的方向靠。

这样，对方便会一起露出笑脸。

这句话能让人发现，哪怕是自己觉得烦心厌恶的事，稍经点拨便觉有好的地方，对吧？

对了，一名在护理工作方面经验丰富的护工跟我说：

“就算再讨厌，再觉得麻烦，觉得愚蠢可笑，如果能发现对方的好处，便可独当一面了。”

不愧是老手，说出来的感觉就是不一样。

要点▷ 站在高处看，语言的含义也会发生变化。

提醒忠告他人时▷

“您这么做我们会很高兴的。”

客人的态度和行为越来越令店员烦恼不已，他们屡次找我诉苦、咨询，问我客人不遵守店里的规定时该怎么办，毕竟赶他们出去这种话是绝对不能说的。

但如果放任他们恣意妄为，也不知道会发生什么事，要是惹恼了他们，他们反而会更放肆了。

所以必须找机会提醒客人。

但如果突然听到别人用高高在上的语气对自己说话，不管谁都会生气吧。比如：

“请不要这样，这是店里的规定！”

“您会打扰到其他客人的！”

“您可以不要这样吗？”

对方反而会因此产生逆反心理，开始出声抱怨。

所以，与其训斥对方，不如让对方明白不该做的事情，而且最重要的是保持微笑。

比如微笑着说：

“这位客人，如果您这么做，我们会很高兴的。”

“这位客人，如果您这么做，也帮我们大忙了。”

“这位客人，如果您这么做，其他客人也会高兴的。”

……

而且，在教导孩子的时候，母亲也经常会用这句话——“××，你要是这么做，妈妈会很高兴的。”

要点▷ 如果突然开始说教，对方会有逆反心理。

想在邮件信件里沟通感情时▷
“又及（P.S.）”

如今，邮件是工作中不可缺少的工具，甚至因为工作内容的关系，和同一个人往来将近一百封邮件也不罕见。因此，人们经常错误地认为，工作中的邮件不该夹杂感情，应当避免废话，语气平淡地写就可以了。但这样，就没法沟通感情了。各位难道不觉得这种往来邮件让人喘不过气来吗？

因此，尽量留心在文末加上“又及（P.S.）”，用一句话简单谈谈近况，或者表达感谢，或者说说宠物的事情……这样对方也会回应你的。

只是加上一个“又及（P.S.）”，就能很容易想象出对方的表情，也能沟通感情，工作也会顺利进行下去的。

而且，哪怕是改变一下邮件固定用句，比如“长期以来承蒙您关照”“您好”“您好吗”“今天您辛苦了”“之前多谢您了”之类的，也能沟通下感情。

要点▷ 要想沟通感情，试着在“又及”中谈谈工作以外的内容。

想表达积极向上的意思时▷

“我已经毕业了！”

我在宴会会场听到有人这样自我介绍：“我进入××公司学习，一年后毕业。后来改去××公司，在那里学习了……后毕业。最后，在××公司积累了……的经验，如今已经创业了！”他不说“离职”，而说“毕业”，不禁让我钦佩。

他肯定是将职场当作学习的地方，为自己树立目标。正是因为完成了这个目标，才会使用“毕业”这个词语。

有次碰到好久不见的朋友，我问：

“咦？你离职了？”

“对，我积攒了很多经验，已经毕业了！”

听到这话，我不禁想对他说：“恭喜你毕业！”

仔细想想，“离职”这个词总给人一种负面的印象，但“毕业”这个词却有种乐观向前的感觉，让人喜欢。

后来，我又碰到一个朋友。

“咦？你戒烟了？”

“嗯，我早就毕业啦！”

听他这么一说，我这个“留级”的不禁羞愧起来，用看好学生的眼光看着他。

因此，我也开始效仿他们使用“毕业”这个词。

比如培训时我会说：

“各位，快点从这个阶段毕业吧！”

“某某已经完成任务，可以毕业了！”

“要不认真努力的话，就没法毕业了！”

我对来康复中心的病人们也说：

“快点改善体质，从我们院毕业吧！”

“情况好得差不多了，差不多可以毕业了！”

“你去过那么多医院啊？那可要快点毕业啊！”

就这样，我用这个词增强了对方的动力，同时也使自己获得了一种成就感。

要点▷ 用“毕业”这个词让工作的分界点充满积极的力量。

不慎失态想要弥补时▷
“失礼了！”

大家可能遇到过这种尴尬事吧。比如在餐厅里不小心打了个嗝，笑得太厉害放了个屁之类的。人生在世，出现这种情况没什么好奇怪的。如果你是当事人，应该怎么做呢?

也许有人会选择假装没注意自己的失态，但其实内心却如同蒙克的油画《呐喊》一般，周围的沉默也实在令人难以忍受。这种时候，可以赶在冷场前说一句“失礼了”。不可思议的是，抓住时机大喊一句“失礼了”，心中的羞愧一下子就消失了。只要一句话，周围人对你的关注就会移开了。

我就遇到过这样的事。

培训授课时，我嘴里含的润喉糖一不小心掉到了地板上。我不清楚在场参加培训的学生是不是以为我的假牙掉出来了，会场中一片寂静，大家都吃惊不已。

后来，我立刻说了句话来救场：“我嗓子不太好……失礼了！”这才得以若无其事地重新开始培训。

所以，越想隐瞒，越希望别人注意不到，就越紧张难堪。坦白交代，反而能释放自己。

要点▷ 间隔时间越长越尴尬。

表达感谢喜悦之情时▹

“高兴得不知道说什么是好！”

各位有没有听过歌手小田和正的一首歌《无法言喻》?

“高兴得高兴得无法言喻，lalala……无法言喻。”

歌词和旋律都非常简单，但却让人不禁落下泪来。

的确，越在开心的时候，越不知道应该说什么。所以，直白的语言才能传达自己的心意。比如：

“我真的很高兴能遇见你，高兴得不知道说什么是好！”

“你照顾了我那么多! 高兴得我不知道说什么是好!”

“这都多亏了你！高兴得我不知道说什么是好！”

对了，有从事服务业的人找我商量，问我有没有什么话可以向客人表达感谢的，我给出的建议是：“你去听听小田和正的《无法言喻》吧。”

要点▹ 最直白的语言中闪耀着光芒。

想共同分享喜悦时▷

“你的喜悦就是我的财富。”

工作上的客户跟我说：“多亏了你，我们获得了超出预期的成果！太感谢了！”

我回答的是：“参加培训的工作人员的喜悦，就是我的财富！”

培训的学生满心喜悦地对我说：“我拿出成果了！真的非常感谢！”

我回答的是：“真是太好了，你的喜悦就是我的财富！”

还有，康复中心的病人高兴地对我说：“感谢你让我现在这么健康！”

我回答的是：“不敢当！你的喜悦就是我的财富！”

可能“财富”这个词听上去有些夸张，但却是我的真心话。再没有什么比这更宝贵的了。

话虽这么说，如果真觉得这个词有些夸张，可以换一句话说：“你的喜悦，就是我的喜悦。”

这个“你怎样，我便怎样”的句式可以有很多种说法。

比如想鼓励对方的时候可以说：“不要总这样没精神！你打起精神了，我也就精神了！”

劝解对方的时候可以说：“不要再懊恼了！你笑了，我也才能笑出来啊！”

为对方加油时可以说：“不愧是你！你做得这么棒，真是我的骄傲啊！”

表扬对方时可以说：“做得很好！你的进步，说明了我的生存价值！”

在这些情况下，大家都可以想想属于自己的那一句话。

要点▷ 不要忘记正因为有了对方，才有了现在的自己。

想维持良好的信任、想提升自己时▷

“请告诉我有哪里需要改正的！”

如果你是上司，就觉得部下哪里都比不上自己；如果你是家长，就觉得孩子哪里都不如自己，那么对方说不定哪天就会离你而去了。

所以，要想构建良好的人际关系，最重要的就是不要拘泥于年龄、性别、学历、职位、立场等因素，一直保持谦逊的内心。

因此，我会对部下和后辈说：

“我也有犯错的时候，如果有哪里需要改正，不要顾虑尽管说。”

“我也有缺点，有什么需要改的尽管告诉我。”

于是，便有不少人对我提出了建议，我也恍然大悟加以反省。正因为如此，才得以维持相互信赖的关系。

另外，对上司和前辈我也说过：

“如果我有什么需要改正的地方请告诉我！”

“请告诉我，我有什么缺点！”

这样，他人就会指出我没有察觉到的地方，我也会欣然接受。如果不询问，说不定一辈子都发现不了的吧。想到这里，心中不禁涌起感激之情。

所以，无论是想增进部下信任的管理者，想赢得上司和前辈喜爱的下属，还是想提升个人人际关系的人，我都推荐使用这句话。

另外，听到部下或后辈对自己说这句话时，切记不要将自己的感情全都表露出来，你要注意站在客观的立场上冷静地表达自己的意见。

要是一时兴起批评个不停，只会让对方情绪低落、失去动力，这一点特别需要注意。

要点▷ 无论男女老少，如果失去了谦逊坦诚的品质，就无法进步。

商务会谈中希望对方放心、相信自己时▷

“有什么问题请尽管联系我。”

买完商品后发现有损坏，签完合同后出现了问题，这种事可能谁都碰到过吧。不过如果买东西和签合同的时候，对方负责人说：

“有什么问题请尽管联系我。”

“有什么烦恼随时找我来商量。”

“有什么不明白的地方尽管通知我。”

这样就能放心了吧。

当然，这句话对部下和后辈说也有用。

比如让对方挑战一项新工作的时候，对一无所知的新人就可以这么说：

“有什么不明白的尽管跟我说。”

“有什么问题尽管来问我！”

“有什么烦恼尽管跟我说！”

探讨对方的烦恼、问题、担心的事，帮助对方找到解决的方法——不用说，这就是培养信任的方法。

如果想增进自己与部下和后辈间的信任，一定要试试这一句话。

要点▷ 部下和后辈都需要一个可以谈心的上司。

Chapter Two

一句话拉近距离

希望对方答应自己的请求时▷

“只能交给你了！”

“××，麻烦你在×月×日之前把这件事做好！”

“××，×月×日前能办一下这件事吗？”

这种情况下，上司可能认为自己在给部下布置工作，但要是总用这种语气说话，部下可能会觉得：

“为什么总给我布置这种工作！”

“哎，今天运气真不好。”

所以，有时也要这么说：

“这份工作虽然简单，但不允许失误！只能让你这种经验丰富的人来办！尽量在×月×日前完成，拜托了！”

“客户来了，你泡茶比较好，麻烦你去给他们端杯茶吧？”

如果用这种“你是最可靠的！”的话来委托他人，

部下也会非常高兴地回答：“交给我吧！”

比如我受到企业委托时，对方就说：

“这份工作不是谁都能做的。你在这方面有成功的经验，只有你能办到！拜托你了！”

对方都这样说了，我也没法拒绝。

所以，当我拜托他人去做一件事的时候，就会说：

“你最让人信任，这份工作只有你能做！”

“你经验丰富，这件事只能拜托你了！”

“你的笑容很灿烂，只能来拜托你了！”

这么一说，对方自然爽快地答应下来。

此外，在以提升自我为主题的培训中，我是这样鼓励参与者的：

“希望你们的目标是成为让客人、上司、前辈说出‘只有你能做到！’‘没有你就绝对不行’的人。”

要点▷ 要让对方觉得，只有他才能做到。

希望对方拿出干劲全力以赴时▷

“全都交给你了！”

以前当过大企业董事和经营者的人曾对我说：

“你比我要熟悉这些，全都交给你了！”

“你做出的成果比我多，全都交给你吧。”

对方都这么说了，我便自然而然地觉得为了对方我要全力拼搏，不得不全力处理交到手上的项目。

我不禁在心中大声赞叹道：这就是相信一个人，这就是掌控人心啊。

至此之后，我在决定拜托他人时，也效仿着说出一些话来表达完全的信任。

“你比我熟悉这些事，我想拜托你来办。”

“你在这方面比我厉害，全都交给你了。”

“你比我经验丰富，全都交给你了。”

这样，部下和后辈就会不负我的期望，履行他们的责任。

但如果用“太麻烦了”“因为我自己不想做”“现在很忙”等原因来麻烦别人帮忙，对方只会觉得你是把工作全丢给了他，对方也就不太愿意帮忙。这一点要注意。

此外，亲子关系中，不太和谐的家庭都有个共同点，那就是家长总是把孩子当小孩来看。所以，如果有家长想让孩子继承家业的话，尤其要注意把事情全权委托给孩子。

要点▷ 全权委托能让对方产生干劲。

表示感谢、鼓舞之情时▷

“多亏了你！”

对于刚刚走进社会还没习惯工作状态的新人来说，上司说的话，无论关于什么都非常重要。当然，他们对于表扬的话也非常敏感。

在我还是刚进社会的新人时，和前辈一起接了一份重大的工作。我们好不容易完成它的时候，上司对我说：“山岸，虽然你是我们所有人中最年轻的一个，但这次多亏了你啊！”

俗话说要让新人露露脸，这应该就是给我面子吧。

即使如此，这句话我直到现在也难以忘怀。

还有一件事。

我给一家企业培训结束后，有人跟我说：

“这话说了您可能不信，有个参加过培训的员工如今成了老手，销售额也增加了！多亏了你！”

“从那以后员工们的气色都变了！大家工作都特别认真！全都多亏了你！”

听人这么说，我不可能不高兴吧。

这时，我都会说：

“希望有机会再度共事！”

“希望还有机会为贵公司努力！”

“希望还有机会拼命努力让您满意！”

所以，在一切都进展顺利、得到预期效果时，我就会留心效仿之前的案例说：

“这全都多亏了你！”

“多亏了你，进展才会这么顺利！”

“多亏有你在！”

要点▷ 通过鼓舞对方来推动工作顺利进行。

想若无其事地表扬他人时▷

“很像你的风格。”

“××前辈，你好厉害啊！”当我这样赞扬前辈时，有的人会感谢我的赞誉并坦率接受；有的人认为这是理所当然的，会欣然接受；也有的人会认为我在溜须拍马；还有一些人态度果断地告诉我不必为了客套强行吹捧，让我慌乱不已。

所以，并不是所有人在听到赞扬后都会坦率接受的。

比如有的男性被女性表扬后，就会一下子兴奋起来，误以为对方对自己抱有好感。反过来，有的女性被男性随口表扬今天很好看以后，就会误会对方有什么企图从而疑神疑鬼。对吧？

于是，本来只是赞扬的话语，有时却会让对方产生误解和疑问，甚至产生不信任感以及警戒心理。

所以，我建议大家在赞扬他人时可以若无其事地说："很像你的风格。"这句话不会给人一种在赞扬他的感觉，因此也不会被当作是奉承或者客套话。

但对方却会因为自己的个人风格得到了肯定而心情变好，也并不会讨厌这句话。而且大家对此都微笑以待，应该没有不高兴吧。

因此，当我赞扬上司和前辈时，我会说："不愧是您，很像您的风格！"

当部下和后辈努力做出成果时，我会说："很像你的风格！"

当我想若无其事地表扬女性时，我会说："这件事很像你的风格！"

当我想赞扬客户时，我也会说："今天的饭菜很像你的风格！"

各位也试试用这句话来赞扬他人吧。

要点▷ 风格就代表个性，明白了这一点，没有人会不高兴的。

想通过表扬让对方进步、想让对方发现自己的优点时▷

“这就是你的强项。”

各位都能正确认识自己的强项和优点吗？其实这个机会并不是很多。

所以我在进行接待顾客的模拟培训中，很重要的一点就是让对方发现自己的优点，知道自己的强项。

“你的声音很好听，这绝对是你的强项！”

“你说话的方式优雅有气质，这就是你的强项。”

“你的眼神充满了魅力，这就是你的强项！多和客人用眼神交流怎么样？”

“你很沉稳，就算不开口也很容易让人信任，这就是你的优点！没有必要勉强自己说个不停！”

就这样，我与参加培训的人一起寻找他们的强项，不断给出建议。

培训结束后，我问他们的感想时，发现大家的动力都有所提升。

“我发现了自己以前没有发觉的优点，真是太好了！”

“没想到别人会表扬我这一点，感觉有自信了！”

“要是我能再发挥一下自己的魅力，说不定就可以取得成果！”

要点▷ 对方发现了自己的强项后，自然会充满干劲。

想让对方鼓起干劲情绪高涨时▷

“你状态不错嘛！”

作为一名理疗师，我发现第一次来康复中心的病人表情都很阴郁。

毕竟他们的身体不太好，脖颈、肩膀、腿脚各有各的问题，心情不好也在所难免。

不过，他们经过治疗并养成健康习惯后，身体状况就会渐渐好转，来康复中心时的阴郁表情也都不见了，取而代之的是令人愉悦的笑容。

“早上好！”

“你好！”

“今天麻烦您了！”

说话的声音也突然变得洪亮，和第一次来的时候相比简直判若两人。

因此，为了让那些身体情况好转的人继续保持这种状态，我会对他们说：

“今天你状态不错嘛！”

于是，他们就会微笑着回答我：

“真的吗！”

“是吗！”

“能看出来？”

“真是多亏您了！”

接下来便会更加精神百倍，积极前来康复中心。

培训时，我也会时常对干劲十足的学生说：“大家状态不错嘛！”这样，他们就更加开心地全力以赴了。

想想我以前在公司工作的时候，上司半开玩笑地对我说：

“你最近状态不错嘛。”

我就会因为这句话而情绪高涨、充满干劲：“我今天会继续保持的！”

所以当对方状态好、心情不错、一切都进展顺利的时候，不妨对他说：

“今天你状态不错嘛。”

“是有什么好事吗？你今天状态看起来真不错。”

对方就会更加充满干劲。

要点▷ 越是状态好的时候，越容易进一步鼓舞对方。

想打动对方、培养信任、增进感情时▷

“只要有你……”

我记得我在公司时，后辈对我说过：

“只要和您谈谈，我就觉得自己也可以办到！”

“只要有您在，会议的气氛就不一样了！”

“只要有您在，我就充满了信心！”

为此我非常高兴。

碰到许久不见的熟人，对方跟我说：

“只要看到你，就觉得轻松了！”

“只要和你说说话，烦恼就一扫而空了！”

听到这儿，我简直想请他吃饭。

另外，来康复中心的人也和我说过：

“只要和您在一起，身体就变好了……真神奇。”

“只要听您说说话，就觉得自己能治好了！”

“只要来到这，就觉得明天又能开始努力了！”

听到这些，我感到无比欣慰。

所以，我自己也会像他们一样对别人说：

“只要收到你的邮件，我就觉得精神了！”

“只要你来，我就很满足了！”

“只要看到你的笑容，我就放心了！”

此外，要是恋人或者丈夫、妻子对自己说：

“只要有你在，我也就放心了！”

“只要有你在，我就很幸福了！”

“只要有你在，感觉就能平静下来。”

一定会很高兴吧。

所以，各位可以通过说这句话来打动他人。

要点▷ 赞扬对方本身的存在，可以激发他的自尊心，这种话级别较高。

希望对方不要自暴自弃、能重新展露笑容时▷

“你只要在这，就可以……”

假如有这样一个世界，所有人的长相都相同、价值观也相同、喜好也相同、想法也相同、学习能力也相同——如果生活在这样一个所有人都相同的世界，你会得到进步吗？

恐怕是不行的。因为如果所有的地方都相同，就不会受到刺激。正因为有各种各样的不同，人类才会进步。所以，你的存在本身，就可以推动人类的进步，这绝非夸张之语。如果你能相信这点，就不会沉浸于过度的烦恼中了吧。

所以，如果他人因烦恼人际关系而变得自暴自弃、意志消沉，就这么鼓励他们吧：

“你只要在这，就可以帮助员工进步。”

“只要你参加了会议，就很有帮助了！”

“你能为公司做的，比你想象中要多！”

这样，通过一句话来肯定对方存在的意义，就能让他们重新打起精神。

开场那个“所有人都一样”的假设所得出的结论是“我们无法进步”。那如果变成其他情况会怎样?

——这样一来，便会迎来一个越来越重视积极思考的时代。

要点▷ 要让对方明白，万事万物都有其意义和价值。

赞扬认可他人时▷
“了不起！”

“你一个人住，应该经常去外面吃吧？”公司的前辈问我。

“我尽量自己做饭。”

“了不起！”前辈回了我一句。

感觉有点儿高兴。

“今天你是第一个来上班的吧？”上司问我。

“对，我要准备一些事。”

“了不起！”上司回了我一句。

果然还是挺高兴的。

我刚走进社会时，除了这句话以外，前辈和上司还对我说过许多话，比如：

“做得很好！”

“别太期待，等着就行（笑）。”

“今天很拼命嘛！”

“状态不错！”

“头发剪了很清爽嘛！”

……

现在想想不禁非常怀念，我真的有着一群非常好的上司和前辈啊。

的确有的时候会觉得他们很唠叨，但如今我却非常感谢他们的照顾。

感激之情总是事后才会发现。

现在想想，与其说我是因为这些话的含义而高兴，不如说是因为他们对那个年轻青涩的自己投以关心而感到高兴。

可能你现在上下级的关系有些冷冰冰的，那么，用“了不起！”或者其他类似的话来表示对部下和后辈的关心怎么样？

要点▷ 不要放过对方任何细微的变化，试着说出口。

介绍、赞誉他人时▷

“其实他 / 她……”

我和部下一起在宴会上和别人交换名片时，身边的部下替我说了这样一句话：

“山岸最近做的是……的工作！”

于是对方回道：“哇！好厉害！”

我为部下这不经意间的一句话而感到高兴。

因为如果自吹自擂过了头，就没法给对方留下好印象。

所以，我也在介绍部下和朋友的时候，替对方说一句：

“他这方面在我们公司很有名的。”

“其实在这方面，没人能与她相较！”

“他老家其实是做这个的！”

这样，替他们本人吹捧一下，对方也会非常高兴的。

要点▷ 机敏地察觉对方的想法并替他说出来，你的人缘和声望也会有所提升。

会谈时想表达尊敬、了解对方人生经历时▷

“究竟是怎样的经历才成就了现在的你？”

欣赏绘画作品时，会产生这样的疑问吧。

“究竟是怎样的经历才让他画出这幅画的呢？”

鉴赏音乐作品时，也会有这样的疑问。

“究竟是怎样的经历才让他写出这首曲子的呢？”

于是便去查找那些画家和作曲家的生平简介……

然后为他们残酷波折的人生和勇敢的生存方式所触动，产生比被作品打动时更强烈的情感。

所以，当你想进一步了解对方时，可以这样提问：

“究竟是怎样的经历才让你做到这些的？”

“究竟是怎样的经历才让你说出这样的话？”

这种问题尤其适合在会谈时询问企业家和董事长这样的人。

他们有着丰富的人生经验，也愿意诉说自己的人生轨迹。

所以，如果怀着尊敬之意提出这个问题，对方一定会如鱼得水，高兴地打开话匣子吧。当然也能增进双方的感情了。

我们经常受制于眼前的结果，如果将眼光放到产生这个结果的背景，也就是对方的经历上，就可以进一步了解对方。

要点▷ 视野不要太狭窄，关注一下结果背后的原因。

希望对方能坦率接受自己的修改建议时▷

“这样做会更好！”

管理者有时会严厉地批评下属：

“这样是不行的！”

“笨蛋！”

“不对不对！”

“重做！”

但对方是否能接受还是要看管理者本身的性格。

所以说，有时管理太严格反而会造成逆反效果。

因此，可以用这种管理方法：

“改用这个会更好吧！”

“稍微用一下这个会更好吧！”

“加上这个会更好吧！”

这样对方就不会为难，反而能坦率听从意见。

由此，我在培训的角色扮演环节开始前，就对参加培训的学生说：

“接下来的角色扮演中，每个人都要演一次主角，大家要找出他需要改善的地方，在表演结束后对他说出来。这时，不要用‘你没做到这点！’或者‘这里不行’这样的话，而要提出积极、肯定的意见，比如‘要是改正这一点，才更有你的风格！’‘改变一下这一点，你会更有魅力！’‘改变一下这一点，你会做得更好！’，等等。”

于是，角色扮演结束后，大家都非常高兴。

“我明白我要注意的地方了！”

“我明白我今后要做的事了！”

“我有目标了！”

要点▷ 提出建议时，可以采用这种话语：“稍微改变一下就会更好。”

想给对方留下印象、想赞扬鼓励对方、想向对方坦言时▷

“我就喜欢你这一点。”

我至今无法忘记小学时老师对我说过的一句话：“我就喜欢你这一点啊。”这句话如今依然留在我的记忆之中。

如果是“最喜欢你啦”这种笼统的话，恐怕不会在我的记忆中留存这么久吧。

所以，我也予以效仿，常对部下和后辈说这句话。

看到他人温和体贴的行为，就会说：

“我就喜欢你这点。”

看到他人努力拼搏的身姿，就会说：

“我就喜欢你这一点！”

看到坦率耿直的人，也会说：

“我就喜欢你这点！”

此外，对上司、前辈和客人，我也会稍作改动地说：

“您在这一点上让我非常尊敬！”

“你在这一点上非常值得效仿！”

“您在这一点上非常厉害！”

这句话可以试着说给那些想给他人留下印象的人，我相信他们一定不会忘记的！

我在销售的时候就遇到过这样的事。

对我的服务非常满意的女性听到我说“这位客人，我非常喜欢您的笑容！”时，认真地回答道：“我也喜欢会这么跟我说的人！”这让我很是开心。

所以，当一个人听到对他怀有好感的人的表白时，比起那种笼统地说“我喜欢你”，可能说“我非常喜欢你这一点”更能让对方开心吧。

要点▷ 比起对方的物品、立场和地位，要表达对他本人行为的同感与赞同。

不想激化矛盾时▷

“您说得没错！”

有时人会遭到意料之外的指责和批评。

这时，如果用“但是……”“可是……”“不过……”等来迅速辩解，可能会火上浇油。这种用词和态度会不必要地触到对方的逆鳞，更加刺激对方。

比如在接待客人和销售时，就会受到客人投诉。

“为什么你对刚才那个客人和对我不一样？”

“刚才那个客人又不是……，为什么不一样！”

尤其是在零售业中，有不少人并不了解业务的内容就介入，所以经常会给客人造成误会，于是便想解开客人的误会进行说明，却反而只会触及客人的逆鳞，导致完全无法沟通。尽管如此，卖场的投诉又必须尽快解决。因为哪怕只有一个正在气头上的顾客，卖场的气氛就会变差，影响周围客人的购物。这时，可以说：

“原来如此，这位客人，您说得没错！”

“这位客人，您说得的确没错！”

如果立刻赞同对方，就能让对方粗鲁的声音一下平缓下来。等到客人恢复平静后，再说明给对方听，就可以尽快处理了。

要点▷ 想反驳对方时，首先表示理解和赞同。

希望对方能独立自主地判断与行动时▷

“多相信一下你自己！”

人会下意识地选择和喜欢包含了心意的事物。

为了让大家知道这个道理，我在培训时问过：“亲手烹制的饭菜和流水线做好的饭菜你更想吃哪种？”大家几乎立刻不假思索地下意识回答：“想吃亲手烹制的！”

就比如自杀、暴力、歧视、战争、环境污染……这些词一下子就让人觉得是不好的。

所以，我们都有直觉，不需要大脑思考，立刻就能判断。有了这种直觉，在某个时候应该做什么，我们连想都不用想。

所以，我尤其是在鼓励年轻人时会说：“多相信一下你自己！”

李小龙也说过：“不要用大脑思考！用心感受！”越是在需要立刻判断和行动的时候，越没有空思考。

有时，当部下和朋友找我探讨人生大事时，主题越沉重我越不知道如何回答。短短一句话，可能就会左右一个人的人生。

想到这里，不禁觉得责任重大。

所以在这种情形下，我会尽量让他自己找到答案。

“你问我怎么办？问问你自己的内心，自然就会得出答案吧？”

“应该怎么办？问问你自己的内心，自然就会明白吧？”

而且，人类在被逼到走投无路的时候，能依靠的就只有自己了！

我们必须更相信自己，更依靠自己才行。

要点▷ 正因为每个人都有直觉，才有相信自己的价值。

Chapter Three

一句话说服他人

想说服对方、引起对方注意时▷

“你知道他们的共同点吗？”

如果只是一味地下命令，总有遭到对方反抗的一天，也无法培养对方的自主性。

所以我在指导部下、后辈和培训学生时，都会注意站在引导他们的立场。

比如，如果你说：“要想成为专业人士，就必须彻底进行自我管理！”对方就会想：“什么嘛，这不是理所当然的嘛。”

这时如果你说：“你知道专业人士的共同点是什么吗？毫无疑问，就是彻底进行自我管理。”

这样对方便会恍然大悟，欣然接受。

“要想打动客人，就必须心怀诚意！”如果把这句话换成：

“你知道能打动客人的工作人员有什么共同点吗？不是用脑，而是用心！”

这样对方就会理解。

我经营康复中心的时候，对病人建议过：

“药都有副作用，只要还对药有依赖，就不可能完全恢复健康。要想恢复健康，不仅要和医生商量，还要通过不懈努力来减少用药的种类和剂量！”但他们都没有认真理睬我。

于是，我改用这种说法：

“至今为止，有一千多人在这里接受了康复治疗，其中有不少人常年用着那几种药，你知道他们的共同点是什么吗？就是不能自律，也没法很好地完成肌肉锻炼。而且，就算通过康复治疗好不容易让身体变好了，也会迅速反弹回来。所以大家要是想减少药量，还是要努力才行。”

这么一来，大家就会认真听进去，全力改善体质了。

所以，希望对方能听进自己说的话时，可以用“你知道他们的共同点吗？”这句话来引导对方倾听。

要点▷ 首先提出问题刺激对方的想象力，再进行说明。

希望对方敞开心扉、引起对方注意时▷

“您该不会在想……吧？”

接待客人时，如果对方的表情变得越来越僵硬，这时无论你继续说什么，都不会得到期望的答案。

所以我当年做销售的时候，会试着去猜对方心里所想的事，并对他们说：

“您该不会在想，这是不是真的吧？”

“您该不会在想，没必要特地今天来买吧？”

“您该不会在想，这件商品效果不怎么好吧？”

这样一来，就能打开对方紧闭的心门。

通过将他内心的情感用语言表达出来，让他觉得自己能够被理解，这样他才能积极接受别人说的话。

所以培训时，为了让他们明白我理解他们的心情，我就会在讲课时说：

“你们该不会在想……吧？”

“难不成，你们认为……吧？”

当我猜出了他们的所思所想时，他们就会明白我在关心他们，这样培训时大家就能相互理解了。

通过想象，将看不见的想法用语言说出来，可以让对方开心得露出笑容，产生更好的效果。

要点▷ 对话时，试着用语言表达出对方的心情。

想让对方放心、提高可信度时▷

“我是负责这件事的 ××，请您放心吧！”

以前客人来咨询投诉时，按常理，员工需要准确地告知对方自己所属的部门和自己的姓名。

但现在不报上自己部门和姓名的例子并不少见。

就算对方问起员工的部门、姓名、负责人的时候，他们也会回答：

“抱歉，这个不方便告诉您。”

“必须回答吗？”

越是处于对自己和公司不利的情况下，这种回答就越是多见。

的确，如果将它作为危机管理对策的一环，或者从保护隐私的角度来说，的确可能会这样回答。

但听到这种回答的人，心情又如何呢？

恐怕就不会再买这家公司的产品，或者不再使用这家公司的业务，甚至不会向其他人推荐这家公司了。

所以，在客人提出投诉或者碰到比较麻烦的咨询时，越是处于不利的情况，越不能逃避隐瞒，必须堂堂正正地诚实回答。当然，就算不是这种境况，至少也要准确地报出自己的部门和姓名。

“我是 ×× 部门的 ×× ！请多关照！”

“我是负责这件事的 ××，请你放心吧！”

“我是负责人 ××，有什么问题请您尽管来问我！”

堂堂正正地自报家门，不仅能提升对方对你个人的评价和信任，也能提高对这个组织、团体、企业的评价，这一点不要忘记。

而且，如果连自己的部门和名字都不告知对方，导致无人负责，工作还能好好完成吗？

要点▷ 只有展示自己，才能获得接纳与信任。

想引起对方关心和注意时▷

“某位伟人曾说过……”

我虽然已经出版过好几本书了，不过每次在宣传新书时，我都拒绝了在书腰（也就是裹在书上的条带）上写一些话的提议，比如让如今正当红的某个人写推荐语，登上某个名人给写的推荐语，写某些人的句子来吸引眼球，等等。

理由是……

人既然有一帆风顺的时候，就会有失手落水的时候，反之亦然。地位、名声、人气、评价……它们就像股票一样沉浮难测，没有什么是必然的。可以说这就是风险吧。

人生中肯定会存在风险。盛气凌人的人引出祸事，名人引发震惊世间的负面新闻，电视节目上的常客被卷入纠纷……脚下一滑就可能跌入万丈深渊，这种例子不胜枚举。

所以，我尽量选择已经故去的人为我助阵。

比如和朋友交谈、指导部下与后辈、进行培训和演讲时，我一般会说：

“物理学家爱因斯坦也说过……”

“因《呼啸山庄》而成名的艾米莉·勃朗特也留下过这句话……”

“作家吉川英治在《我以外皆我师》这本书中说过……”

“莎士比亚曾经说过……”

所以在希望对方对自己的话题产生兴趣时，希望促使对方接受时，希望提高可信度时，可以向各位伟人求助，这种名言金句真是数不胜数。

要点▷ 即使是已故的伟人，对他的评价也不是一成不变的。

催促对方做出决断时▷

“您觉得怎么样？”

在接待客户、商讨合同时，可能有人经常会想着用一句决定性的话来敲定合同。但大多数情况下，促使结果尘埃落定的，都是非常简单的一句话。

比如我在推销自己的培训服务时，在拜访咨询过我的企业前，会对企业的店铺和店面进行观察和调查，接着才去拜访实际的负责人，粗略地说明一下培训服务，最后将之前参加我培训的学生所写的问卷调查给对方看。

等对方看完后补一句：

“您觉得怎么样？”

很多情况下，对方就会爽快地答应了。

如今，我是一名理疗师，顾客的回头率大概在百分之九十以上。我并没有通过打折和推销而强拉回头客，而是常在治疗结束后说一句：

“您觉得怎么样？下次预约……”

这样，大家就会非常爽快地预约了。

“您觉得怎么样？”这句话并没有非常强的说服力。但不是我自夸，只要有能让顾客满足和接受的信心，这句话就足够了。

而且，根据我以前的经验，强买强卖所获得的成果基本上都不能让人满意。

病人在接受治疗时也是如此，相信自己肯定会好的病人，与不情不愿继续治疗的病人相比，恢复健康的概率明显是不一样的。

虽然听上去难以置信，不过这就是事实。不管怎样，最后一定要把决定权交给对方。这样，对方就会觉得你很自信，给出你所希望的答案。

要点▷ 堂堂正正地表现出自信，让对方来决定。

希望说服对方、让对方接受时▷

“这是我从实践中得出的结论。”

从事销售工作的人，因为职业关系，对“说服他人的能力”总是非常关注。

对此，我愿意贡献出一种自己平常有意识使用的表达方式给大家作为参考：

“该怎么办是由你决定的，不过，这是我从实践中得出的结论。”

“选择哪里是你的自由，不过，这是我亲身体验后得出的结论。”

“决定的人是你，不过，这是我亲自尝试过之后得出的结论。”

越是强迫他人，对方就越会产生防备，以致不再与你坦诚相待。最近我们身边发生了很多因不诚信行为造成的事件和纠纷，可能导致更多的人产生了不信任感。

不管怎样，要是能注意一开始就说明尊重对方的意愿，把决定权交给对方，对方就能放下心来。

接下来通过自己的经历和体验加以自信说明，对方就会给出你所希望的判断。

要点▷ 事实往往握在有经验的人手中，站在这个立场上去说服对方就会成功。

接下工作和请求时▷

“请交给我吧！”

一般来说，面对上司和前辈的命令，部下应该连声应允，但如果部下说：“请交给我吧！”你就会觉得他很可靠、令人感动。

所以有时，可以试着挺起胸膛说：“请交给我吧！”

这样，上司和前辈看你的眼神肯定会发生变化的。

反过来，上司和前辈如果在布置工作的时候说：

“我也会帮忙的，什么都不用担心！”

“我也会看着的，放手去做吧！”

部下和后辈看你的眼神肯定也会发生变化的。

听到这样的话，不用说，对工作尚未熟练的下属一定会集中精神去做的。

要点▷ 发出指令和接下工作时，都是展现自己的好机会。

督促对方直面自我，独立做出决断时▷

“这是你自己的人生吧！”

对无法自己做出决定的人可以说：

“这不是我的人生，这是你的人生吧！”

对犹豫不决、无法决断、无法前进的人也可以说：

“这不是我的人生，这是你的人生吧！”

对满心烦恼、无法决定一件事的人也可以说：

“这不是我的人生，这是你的人生吧！”

尽管明白这样的话会给人一种冷淡的印象，但故意这么说，其实是期待对方能认真地直面自己的人生。

这样一来，从来都是任人安排的人，也会下定决心，变得严肃起来。

而且，要是什么事都包揽过去，根本不是为对方好！

此外，希望对方重新考虑自己的决定时，也可以说：

“这样真的好吗？这是你自己的人生啊！”

想确认对方的决心有多大时，也可以说：

“这样真的好吗？这是你自己的人生啊！”

希望对方改变想法时，也可以说：

“你确定这样行吗？这是你自己的人生啊！”

这种情况下，要让对方强烈地认识到，这是他自己的人生。

这样一来，对方就会停下因为一时兴起做出的判断和性急的行动了。

此外，我作为一名理疗师，在与病人对话时也会用到这句话：

“如果您期望早日康复，理想的状态是按照每周几次的进度治疗。”

话虽这么说，由于每个人的情况和打算不同，我也绝不会勉强他们。

“这不是我的人生，这是你的人生，所以该怎么做还是由你来决定！”

于是，病人就会认真听取我的话，遵从我的指示了。

要点▷ 要引导对方明白，这是他自己的人生。

在会谈和演讲中推动对方接受时▷
“为什么会这样呢？这是因为……”

“现在买比其他时候买更划算！”

“这件商品在这一点上非常有优势！”

“本公司的这件产品，绝对不输给其他家！”

对商品和服务进行说明时，只是草草说明产品的特性和优点是不行的。这是因为，顾客总会怀有这样的疑问：

“为什么这么便宜（贵）？”

“为什么要推荐这件产品或这项服务？”

“为什么会有这种特征和构造？”

……

如果不能消除客人心中这个“为什么”的疑问，他们是不会从心底接受的。所以，我当年接待客人、销售产品时，为了回答对方“为什么”的疑问，都会注意在对话中采用自问自答的风格。

“为什么会有这种服务呢？这是因为天气不好客人不多，所以现在是个好机会啊！”

“为什么有那么多商品，今天最推荐的却是这一款呢？因为它兼具防晒、化妆水、乳液、粉底等多种功能，护理皮肤时非常方便，能帮您节省很多时间和金钱！”

“为什么要进行这种改良呢？因为有非常多的客人由于这点产生了不便！”

“为什么和您说这些呢？因为据我猜测，您是不是因为这个季节皮肤干燥而烦恼不已呢？”

说出对方可能会产生的疑问，再将理由和原因娓娓道来，对方就会顺利地接受了。

所以，在销售时，就可以使用这种自问自答的话来引导对方。

当然，在演讲或者跟上司报告时也有效。

要点▷ 用自问自答的方法来消除对方心中的疑问，让话题进展下去。

希望对方注意观察、慎重考虑时▷

“注意对方的动机！”

当小孩子把厨房弄得乱七八糟的时候，如果他是想给妈妈做个生日蛋糕让妈妈开心的话，就不能斥责他。

当有人因为没赶上会议给大家带来麻烦时，如果他是因为在来的路上，帮助了在交通事故中受伤的人，就可以不用追究。

但是这种动机是无法用眼睛看见的。很遗憾，没那么容易就明白。

尽管如此，正确地理解对方非常重要。因此，“注意对方的动机！”这句话就不可或缺。

我们必须经常注意这一点。因为有很多时候，本该感谢的反而会引起不满，本该高兴的反而会悲伤起来，本该尊敬的反而招致怨恨。如果能正确地判断出对方的动机，这种误解肯定就会少很多了。

所以，假如有人因为别人的行为盲目兴奋，就应该忠告他：“对方的动机是什么？如果动机不纯的话，你一定要小心！”

要点▷ 为了不看错本质，需要注意对方的动机。

委婉地进行指导时▷

“如果是我，就会这么做。”

每次看到那些说着不奢求升职的年轻人升职之后满不在乎的样子，我就不禁想：升职之后，有了头衔和部下，他们内心肯定非常高兴吧。这时，他们自然就会站在一个管理者的立场上说话办事：

“××，做一下这个。”

“××，应该是这样对吧？”

“××不行！换成××吧！”

……

但是，刚刚成为管理者时，因为不想让人觉得自己架子太大，他们就会对命令这件事产生抵触情绪，以致在发命令时踌躇不前。

这种心情我非常了解。这是因为我经常需要对参加培训的学生进行指导，不少客户也希望我能严厉点儿。

尽管如此，我毕竟是外部人士，不想让人觉得我在摆架子。

所以，我就会这样指导他们。

“××，如果是我，就会这么做。”

于是对方便会露出恍然大悟的表情进行改正。

“××，要是我就会这么做。”

于是对方便会露出了然于心的表情做出改变。

在指导他人时，这句话是非常重要的。

要点▷ 如果对命令型的语气有抵触情绪，就用提议的语气来说。

不想被否定、希望对方能听一下时▷

“不相信我也无所谓。”

说起来可能有点唐突，其实我这个人完全不相信鬼怪之类的东西，却实实在在地看到过几次类似那样的情形。由此，我的想法发生了一百八十度大转弯。

人经历过一些事后，想法会轻易发生变化，大脑甚至都来不及接受这件事。

但是，对于没有经历过的人来说，可能很难相信这种事。

这时，我就会提前说一句：“不相信我也无所谓！我只是想告诉你一下而已。”然后再开始讲故事。这样一来，他们基本上就不会否定这件事了。这是因为我提前说了句“不相信我也无所谓”的关系。

还有，在介绍一项事物时，我也会这么说：

“不相信我也无所谓！只不过这个很不错，还是知道一下比较好。”

于是，朋友相信了我，并给我发来邮件表达感谢。

“不相信我也无所谓！不过，为了以后，可能知道一下比较好。”

于是，同事相信了我，并给我打来电话表示激动之情。

“不相信我也无所谓！不过，我觉得那家店是最好的！”

于是，熟人果然还是相信了我，向我表示感谢。

总而言之，大家都非常坦诚地相信了我。

所以，在给部下和后辈提出建议时也可以使用这句话。比如：

“我不指望你能相信我所有的话，只不过，为了你的将来，你还是知道一下比较好。”

“你相不相信我的话是你的自由，不过，要是做这个，为了你的将来，你还是知道一下比较好。”

没想到，对方很爽快地接受了我的意见。

要点▷ 提前说出假想出的事情，进展就会顺利。

反驳、主张、引导、忠告时▷

“我不是为了这个而活着的！”

对那些因为自家孩子不如别人而烦恼不已的人可以说这句话：

“我们不是为了和别人攀比而活着的！”

对无论什么事都要权衡利弊后才进行判断、发起行动的人也可以说这句话：

“我们不是为了权衡利弊而活着的！”

对以自我为中心、言行举止幼稚任性的人也可以说这句话：

“我不是只为了满足你而活着的！”

我在很多场合下都说过这句话，通过后来对方态度和言行举止的变化，我相信他们都诚恳地接受了。

但是，如果滥用这句话，可能会给对方留下一个性格乖僻、说话拐弯抹角不知所云的印象，这一点一定要注意。

虽然我说完这句话后，从未有人对我反击：“那到底是为了什么而活？”但总有一天会有人问的吧……这时，如果不能明确地回答出来，这句话就会在一瞬间失效了。

要点▷ 对听上去很有道理的话反驳是很难的。

想有效沟通、加深对方理解时▷
“用一句话该如何定义？”

有人问过我：“领导者不可或缺的是什么？”我回答的是：“相信必然性，会肯定他人，还有就是下定义的能力。”

我碰到过很多企业家和专业人士，也因为工作关系有机会和许多人用邮件交流。由此我发现，能让我衷心佩服的领导者，都有非常犀利的下定义的能力，他们有着用一句话就能吸引他人的力量！

如果让各位用一句话来定义“幸福是什么？”“成功是什么？”“工作是什么？”，大家会怎么说呢？

恐怕每个人的回答都不一样吧。正因为如此，在人际交往中很重要的就是，为了让他人接受自己的意见和主张，尽量使用简洁易懂又具有吸引力的定义。另外，为了有效沟通，需要确认对方的定义时，也要说出自己的定义。

所以在对话中，可以说这样一句话：

“我将进步定义为……，不知道贵公司是如何定义的？”

“在此之前，请您告诉我您是如何定义它的？”

“你是如何定义服务的？”

……

双方的“定义”越是明确，了解也就越深，自然就能避免误解，从而顺利有效地沟通了。

要点▷ 要想有效沟通，双方需要对“定义”进行确认。

想冷静判断，想推测对方的经验、熟练度和诚信水平时▷
“有什么缺点？”

比如你和销售打交道时，听到对方对商品夸夸其谈、不乏赞美之辞时，难道就不想问一句“有什么缺点”吗？我越是听到划算的交易，越想犀利地问一句“有什么缺点？”“有什么风险？”这种惹恼销售的话。

如果销售采取暧昧不清的态度不肯明确回答我，那我也必须慎重考虑了。

如果销售完全不回答问题，我就会觉得对方缺乏相关知识，经验尚浅，更要慎之又慎。

但如果对方明确地回答了我的问题，我就会对他产生信任。

所以尤其是在买高价商品时，一定要注意对方能不能说出它的缺点。

此外，在接下工作、听取部下的报告、听后辈进行说明、接受同事的邀请和朋友的介绍时，越是听上去划算的事，越要问这个问题：

“有什么风险？”

“有什么要留心的？”

“有什么假设条件？”

……

本来，这个世界上就没有完美和绝对，既然有优点，那肯定隐藏着缺点。只有在两方都知道的情况下，才能做出最恰当的判断。

要点▷ 要想做出最恰当的判断，有时唱唱反调也是必要的。

希望对方下定决心行动时▷

“只要一次就好！”

各位有没有过这样的经历？

“不管怎样，只要试一次就好！”听别人这么推荐就尝试了一下，结果比想象的还要好。

“不管怎样，只要用一次就好！”

“只要一次就好！你经历过之后就懂了！”

——于是，你被迫无奈用了某种商品，体验了某种服务，从内心理解了对方所说的话。

这是由于“只要一次而已”这种轻松的想法而造成的。所以，当对方觉得“真的吗”“好麻烦……”“怎么可能”“我不相信”的时候，就用这句话来试着说服他吧。

我也对部下、后辈和参加培训的学生说过这句话：

“能体验到这种事的机会，人生中可能只有一次！”

“只要一次就能做到的话，无论多少次都可以做到！”

这样，对方就会勇敢地去接受挑战。

“只要一次就好，你实际去体验一下怎么样？”

“只要一次就好，你去帮个忙吧！”

在希望对方可以体验一下或者有事拜托对方等各种场合都可以使用。

要点▷ 要让对方觉得，“就一次而已嘛”。

Chapter Four

一句话推动进步

希望对方提升效率、拿出成果时▷

“忘记你自己！”

一流的运动员在决胜的瞬间，是不会去考虑“家里的宠物有没有好好看家”“比赛结束后吃什么”“好久没去约会了明天去哪呢”这种问题的。

认真决胜的瞬间，无论是谁，都会完全处于一种忘我的状态。

从我指导售货员的经验来看，越是处于忘我状态的人，越具有吸引力，成交率也越高。能高效高质接待客人的售货员，都是忘我拼命的人。

从他们身上，完全感觉不到“我要好好接待客人！”“我一定要打动客人！”“我一定要让他多买点！”“我的待客水平是最好的！”“好麻烦啊”这种情绪。

所以，越是追求质量和结果，这个过程中的“自己”

越是碍事。

我们经常会被电视和电影所打动，但那些场景，不正是有着正当理由的“舍弃自我”吗?

不管怎样，我在指导他人时，就会提出“忘记你自己”“舍弃你自己”的建议来鼓励对方。对于总是无法超越自己的人来说，这可能是一剂特效药。

要点▷ 与自己纠缠，是阻碍前进的枷锁。

希望对方能直面自我、平息恼怒之情、独立进步时▹
“这是必然的吧？”

这个世界是依因果法则而运转的。原因产生结果，结果再次成为原因，从而招致新的结果，循环往复。这个世界上没有“偶然”和“奇迹”，只是因为产生这个结果的原因不为人所见，不为人所知罢了。

不管怎样，所有的因果关系造就了“必然”。

所以，为了让参加培训的学生明白，这是他们自己造就的结果和人生，我提出了这样的问题：

“你进入这家公司，是偶然吗？”

“各位选择这个行业，是偶然吗？”

“现在你参加这个培训，是偶然吗？”

“接下来各位会遇到的事，全部都是偶然吗？”

于是，他们陷入了沉默。

就在这时，我紧跟上一句：

“这是必然的吧？”

“这难道不是必然吗？”

于是，他们的表情就渐渐地发生了变化。

“不管是你们碰到的客人，还是今后碰到的事情，全部都是必然的！不是吗？”

这样，他们的态度就会突然变得认真起来。对公司、上司、客人有所不满想要发泄时，也会忍住愤怒。因为他们明白，这一切都是必然的，其中也有自己的原因。

所以，想成为通过自己的力量不断进步的人，就必须意识到，一切都是必然。

总是把原因推给周围的人，认为人生是靠运气和偶然决定的人，是不会进步的。

要点▷ 要让对方明白一个事实，原因都是他自己造成的。

面对试炼时、希望对方鼓起勇气挑战时▷

“一次就能战胜的就不是试炼了！”

无论是谁，只要活着就要面对试炼。

人生的本质就是，不可能所有的事都顺心如意。

当然我也不例外。

因为我讨厌出风头，所以刚开始当促销员时，需要很大的勇气。正式开始后，又被销售目标所迫，不断接受试炼。

在当编辑和记者的时候，因为太想写出完美的文章，曾经有过完全写不出东西来的情况。

一边觉得自己绝对做不到在别人面前演讲，一边登上了演讲台。

以前逃避、讨厌、不擅长的事，最终我还是不得不去面对。

甚至让我觉得，我的人生就是不得不去直面这些困难吗？

这时，我听到了一句让我非常喜欢的话：“如果你只用一次就战胜了眼前的困难，那么它对于你的人生来说，就不是试炼了！”

这是我人生中的一位老前辈说的话。它给了我无数次勇气，我在心中也重复了无数次这句话。

没错，如果用一次就战胜了一件事，那它对于自己来说已经不算是试炼了。真正的试炼是让人充满无限勇气和信心的。

所以，正在经历试炼的人，可以用这句话来鼓励自己。

不过，并不是所有人都会下定决心迎接试炼的。

说来惭愧，我自己在年轻时，就觉得逃避试炼才是明智的选择。但结果，试炼还是会出现在我的面前。

所以，当对方犹豫不决时，不要呵斥对方，而要说：“越是逃避，今后的试炼就越大，总有一天它会出现在你面前的。所以，不如现在就去挑战它怎么样？”这不是虚妄之言，总有一天你必须去战胜它。

要点▷ 要让对方明白，以后不会再为同一个试炼而苦恼，这件事充满魅力。

希望对方能坦率地接受忠告和指导时▷

“这才是淑女吧？”

当男性对女性的行为举止和遣词造句提出忠告、进行指导时，可能会担心对方会不会讨厌自己，能不能从善如流地听从自己，会不会被反驳之类的吧。

我在培训时也会碰到需要严厉地指导年轻女性的情况，自然也不例外，也会犹豫着能不能说出口。

因此，我在指导完之后会加上一句：

“这才是淑女吧？”

“毕竟是淑女嘛！”

这样一来，对方就会微笑着听从我的建议。

另一方面，在指导男性时我会说：

“你也是绅士嘛！”

“你毕竟是绅士吧？”

这样一来，对方就会苦笑着挺起胸膛。

此外，在指导他人时，征得对方同意的一句话也必不可少。

比如“你想成为那些老手中的一员吧？”“你打算成为一流的人才吧？”“各位都是想成为专业人士的吧？”，等等。

因为听到这句话，对方就能在严厉的指导中坚持下去了。

要点▷ 要利用人们对“理想的状态”和“憧憬的对象”认同的感觉。

希望对方努力战胜困难时▷

“越是轻易获得的东西，就越容易失去！”

我知道自己是个尚未成熟的人，但我制定计划和目标并为之奋斗时，内心总会有着这样的情绪：

“好麻烦！”

“好难！”

“做不到啊！”

“厌倦了！”

“我真的能做到吗？”

……

当然也会发牢骚：“就没有什么轻松简单的活儿吗？”

这时，我就会想起一句话，这也是我人生中的一位老前辈告诉我的：

“越是轻易获得的东西，就越容易失去！”

当我快要气馁时，总会在心中默念这句话来激励自己。

因为坚持努力和忍耐，最后总算大功告成，这样的经历不胜枚举。

另外，我在当培训讲师时，遇到过不少人，不时也有人问我这样的问题：

“请您告诉我，有没有更简单的方法？”

“有没有简单但是有效的做法？”

“有没有任何人都能轻松拿出成果的方法？”

……

我的确很能理解这种心情。

但是，毋庸置疑的是，任何事情不靠努力都是无法达成目的和目标的。

无论在哪行哪业，要想获得相应的好评，就要付出相应的努力。

所以，对那些寻找轻松简单方法的人，就要说一句：

“越是轻易获得的东西，就越容易失去！”

要点▷ 要想获得相应的成果，就要有相应的原因。

安慰因为人际关系而消沉的人、鼓励他人时▷
“这不是你认真改变的好机会嘛！”

夫妻相处不融洽时就离婚，和上司、部下、一起进公司的同事相处不融洽时就辞职。

人生中这种不顺利的情况并不少见。

我经常能听到别人这么抱怨：

“以前相处得挺好的，为什么？”

“当时关系挺好的啊，为什么？”

“当初不是这样的，真神奇。”

此外，各位碰到过这样的事吧？和好久不见的熟人朋友重逢，对方却完全变了一个人，让人大吃一惊。

这是当然的，随着时间的流逝，人在各个方面都会发生变化。

所以，就算人认识的时候合得来，然后渐渐变得难以相处，也无须吃惊，无须觉得神奇。

不管是有意识的还是无意识的，和那时的你相比，现在的你的确发生了变化。另外，对方也同样发生了变化。

因此，如果能向着同一个方向和目的，以同样的速度和步伐一起变化和成长那还好，但这实在很难实现。

根据我之前培养人才的经验来看，人的成长是各不相同的。因为什么契机而成长因人而异。

不管怎样，在人际关系中总有相逢和告别。对过于纠结人际关系而消沉的人，就说一句“这不是你认真改变的好机会嘛！”来鼓励他吧。

其实，比起喜悦，人正是因为痛苦、悲伤和绝望等负面情绪，因为在逆境中不屈地奋斗，才会发生巨大的改变。看过人生百态后，自然就明白了。

要点▷ 要让对方明白，人生中总会遇到需要发生巨大变化的时期。

进行管理、希望对方进步时▷

“一起……吧。”

“去做这个！”“去做那个！”——如果只是这样发号施令，部下和后辈会丧失动力的。

如果剥夺了他们的自主性，一旦没了命令，他们就什么都做不了了。事实上，认为员工不需要自主性的企业家不在少数。

对每个人都下达同样命令的统一管理是有缺陷的，因为在解决问题和烦恼，为拿出成果而努力这件事上，不是每个人都一样的。

众所周知，要拿出成果，知识、技术、人心三个要素缺一不可。

所以，上司需要和部下一起考虑，然后指出哪里不足，有什么原因。

如果因为缺乏相关知识，那是什么方面的知识，应该什么时候通过什么方法来学习？——这些必须和当事人一起考虑吧。

如果因为技术的方面，那是什么方面的技术，应该什么时候通过什么方法来掌握？

如果是人心的问题，那是因为工作压力，还是家庭问题，还是担心自己的身体健康呢？——了解这个原因后，要一起考虑解决方法。

所以我向客户提议，可以尝试一下上司和部下一起思考的管理方法。毕竟无论对谁都用同样的指导方法、说同样的话，还想拿出成果是不现实的。

“一起想想有什么原因吧？”

“一起想想有什么方法吧？”

“一起想想到什么时候做吧？”

如果用这种一起思考的管理方法，对方肯定会进步的。

要点▷ 要想进行有效的管理，关键在于明白对方身上存在的问题。

因为工作、家务、育儿烦恼时▷
“在这项义务中，找出你的使命吧。”

对因为工作、家务、育儿烦恼的人提出这样一个问题：

“这是你的义务吗？还是你的使命呢？”

接下来是我主观方面的意见。我觉得认为工作是自己的义务的人，大多有很强的责任感，认真、忠实听从上面的命令，偏向于保守，缺乏圆滑性，容易迷失自我，扼杀自己的个性以及伪装自己。

另一方面，认为工作是使命的人，充满活力，我行我素。他们大多有着自己决定的目标，总体来说比较乐观，意志坚强但又有着不怎么听从他人的顽固，不少人因此在人际关系中吃过亏。

为了给出恰当的建议，就要问出开头的那个问题。其实，无论是工作、家务还是育儿方面，甚至连活着本身都认为是“义务”的人压倒性地多。将一切都当作义务这点，说是日本人的国民性都不为过。并且，他们有一个共同点，就是很明显没有什么动力。

觉得活着是义务的人，与其说感觉自己活在世上，不如说感觉自己是降生于世的。而觉得活着是使命的人，不会觉得自己是降生于世，而更有种活在世上的充实感。

所以对那些认为一切都是义务的人，就可以说：“在这项义务（工作或者家务）中，找出你的使命吧。”

毋庸置疑，无论是认识到自己的责任并履行它，还是感受到自己的使命努力活着，都非常重要。没有哪种好哪种不好的区别。

理想的回答是，两种都不是吧。对我们而言，无论是降生于世的喜悦还是活在世上的充实感，都是不可或缺的感觉。

当我听到别人说“我为了养育家人而工作，为了活着而绘画办个人展览”时，不禁感到钦佩，他已经明白了义务和使命的重要性了。

要点▷ 对失去活在世上的充实感的人，要给予他们使命感。

希望对方遵守规则和规定时▷

“规则就是为了取消而存在的！”

随着时代的变化，人们必然会不断制定出新的规则。

但是，如果只是一直制定出复杂难懂的规则，社会就会变得僵化而令人窒息。

我们经常能听到人们对各种规则和规定发牢骚：

“不管做什么都需要许可和承诺，完全不考虑我们的立场！”

“就算是规则，手续太复杂了我根本处理不了！”

“就算是规定，花费也太多了，这样就本末倒置了！”

“有这种规定吗？按道理谁都不会管的吧？”

……

以职场为例。

如果必须遵守的规则不断增加会怎么样呢？

工作会变得越来越无聊，同时，遵守规则变成了一种目的和工作。

员工越被规则束缚，动力就越低下，这也很正常。这样，难得燃起使命感的员工，也会失去工作积极性的。

对必须遵守的规则已经厌烦的员工，要是听到“这是规则，必须遵守！”这种话，只会更加厌烦，失去向心力只是时间的问题。

所以，当我提出新的规则和规定时会说：“如果大家能完全遵守这个规则，我就会把这条规则取消。到时候，我肯定会做到的！”并且加上一句：“规则就是为了取消而存在的！”

听说巴西有一家公司没有人事部，没有自己专用的工作桌，连职位头衔都没有……尽管这是家有着一千多号人的大企业，却的确是个没有规则的公司。尽管如此，它的业绩还是不断上涨，应聘者络绎不绝，甚至员工流失率都很低，我听到这些震惊不已。听说世界各地的企业家都前去参观并信服了。

这正是因为人最后还是会相信他人的。

我也曾认真地想过在这种地方工作呢。

要点▷ 要想让人真正遵守规则，就要以取消规则为目标。

希望对方摆脱迷茫时▷

“全力以赴去做你相信的事吧！”

“A 公司在这方面取得了很大成功，不过，听说 B 公司因为那方面顺利提升了营业额。到底哪家公司做得好呢？”

“C 店因为实施了这个措施生意兴隆，不过，D 店完全没有动静，却比 C 店还要……到底哪家店做得好呢？”

各位有没有过面对这种二选一的问题而烦恼的经历呢？

我就碰到过参加培训的学生问我这个问题：

“其他讲师说的是……到底哪个对呢？”

“E 说这个有效果，F 说那个更好，到底哪个对呢？”

“这本书里写了这个，但另外一本书写了那个，我不知道哪个是对的。”

……

根据我在全国各地的卖场做促销的工作经验，我深深地感觉到，在某些卖场适用的方法，在其他卖场可能完全没用。由于时间、环境、条件的变化，人们做出的判断与行动也经常发生变化。

我在许多前辈手下工作过，但那些老手们都是靠着各自的强项杀出重围的。所以我明白，靠着模仿他们，是无法拿出成果的。

所以，与其关心到底哪个是对的，哪个是不对的，更重要的是确定自己相信哪一个。

就算大脑认为是对的，如果内心无法相信的话，是无法做到全力以赴的，也就无法获得成果。

所以，对犹豫哪个正确哪个不正确而晕头转向的人，就说一句：

“这种时候，就全力以赴去做你相信的事吧！”

要点▷ 要让对方明白，最合适的判断与行动是经常变化的。

希望对方产生自信、在自己没有察觉到进步时▷

“并不是只有在工作上拿出成果才算进步！”

有时，参加培训的学生会找我商量这些事：

“我不知道自己有没有进步。”

“我总是拿不出成果，说明我还没有进步吧。”

“怎么样才能进步呢？我担心是不是我适应性太差。”

……

像这种感觉不到自己进步的人不在少数，尤其是新员工更有这种倾向。

的确，如果拿不出肉眼可见的成果，肯定会有所烦恼吧。但如果一直对此耿耿于怀，就会更拿不出成果，陷入恶性循环。因为面对工作时心态的变化，肯定会影响结果的。

各位有没有过这种体验？以前气得无法原谅的事

情，现在已经不在意或者原谅了。

当时觉得是骗人的事物，如今觉得是对的。

也就是说，以前的自己和现在的自己是不一样的吧？

年轻时信奉的真理是：“进步就是发生变化。”但仔细想想，身体和内心都会随着时间发生变化。

一分钟前的你和一分钟后的你完全是同一个人吗？

我们一直都在变化，看看以前的自己，肯定能发现这一点。这毫无疑问是我们进步的证明！

所以，对那些感觉不到自己进步的人，就让他们比较一下过去的自己和现在的自己吧，并鼓励他们：“并不是只有在工作上拿出成果才算进步！”

要点▷ 身边的变化就是进步的证明。

希望对方发挥强项和魅力向目标努力时▷

“只有彻底磨炼你的强项才行。”

在我当销售的那段时期，跟在许多前辈的后面学了不少东西。

那时我就发现，有的人的强项是可以治愈客人的微笑，有的人的强项是可以逗笑客人的幽默，有的人的强项是可以让客人欣然接受的悦耳声音，有的人的强项是可以说服客人的独特说话方式。

也就是说，这些老手们的强项和魅力没有一个人是相同的！

此外，我还发现，哪怕模仿从他们那里学来的东西，也无法轻易获得成果！

仔细想想，他们和我完全是不同的人，无论是相貌、声音，还是给客人的印象都不一样。

另外，他们斩获业绩的卖场和我工作的卖场，不仅是客源、环境、条件，几乎所有的东西都不一样。要想拿出巨大的成果，只靠模仿前辈是远远不够的。

根据这个经验，我就会向委托我培训的客户提议道："贯彻指导手册不过是阶段性的任务而已，不如把目标设为让员工凭借各自的强项来完成任务怎么样？"

当参加培训的学生来找我商量怎样才能超越现在的自己时，我都会建议："只有彻底磨炼你的强项才行。"

无论在哪个领域，我们要做的就是用自己的强项与他人决一胜负。越磨炼自己的强项，越会拿出巨大的成果。

我在培训中也说过："不能满足于学习知识和掌握技术，还要多听从许多前辈的指导，拓展自己的知识和技术。这样才能发现你们各自的强项是不同的。"

要点▷ 专业人士是通过自己的强项来与他人决一胜负的。

希望对方克服弱点、提高成功率时▷

“如果能克服弱点，机遇就会到来。”

在我当销售的那段时期，曾经被安排去全国各地各种各样的卖场工作。那时我就发现，除了每个卖场的环境和条件不同外，客人的特征也有着些微的差异。

大都市和小地方的客人给出的反应就不太一样，比如都市的客人几乎毫无反应，但小地方客人的好奇心就会比较旺盛。另外，有的地区客人都比较害羞，有的地区客人警惕性就会比较强……所以，我拿出强项进行销售的风格在有的卖场很成功，在有的卖场就毫无效果。

也就是说，强项并不是通用的！

因为我深深地体会到了卖场之间的不同。所以，不管环境、条件和客源怎么变，为了能保持稳定的结果，就需要在销售风格中增加自己擅长的项目。

如果这个不行就试试那个！——如果不能拓展自己

的知识和技术，增加选项的话，就无法一直在各种各样的卖场收获成效。也就是要逼着自己克服弱点。

所以，当有人找我商量“以前的方法没有用！”“怎么样才能提高成功率呢？”时，我就会建议：“如果能克服弱点，机遇就会到来。”

至于磨炼自己的强项和克服自己的弱点哪个比较重要，我觉得如果是一直在同一个环境和条件下工作的人，也就是处于变化比较少的情况下，应该优先磨炼自己的强项；而经常处于出差、换工作、调动等工作环境不断变化中的人，也就是处于变化比较多的情况下，应该克服自己的弱点来提高成功率。越能克服自己的弱点，越不会被环境和条件所左右。

要点▷ 如果能增加选项，那么无论在怎样的条件下都能发挥作用。

想平息对方的愤怒与不满、鼓励他肯定现实时▷
“总有一天你都会碰到的！”

培训时，当别人问我怎样才能进步时，我会建议道：

“回顾一天中发生的事，你肯定会发现，这件事这么做会更好，那件事那么做会更好，你要将这些发现反馈在下一次的工作中。如果一年三百六十五天都能这么做，一年后你肯定会有所进步的！”

比如运动员就是个很好的例子。如果将自己比赛和训练时的情况录下来，看看自己的动作怎么样，有哪些动作是必需的，有哪些弱点和缺点，有哪些地方需要改正。这样他就有了一个能客观地观察自己的机会，帮助自己进步。

不管怎样，要有回顾自己过去的习惯。这样才会发现，别人遇到过的事情，自己总有一天也可能遇到。

“那个时候我让 ×× 觉得……了。”

“那时我对 × × 所做的事，如今自己也要面对了！”

我在回顾自己的人生时，也经常反省自己。

有时回想起十年前，甚至二十年前的旧事，也会猛然醒悟。

所以，如果一个人总是心怀愤怒、不满与怨恨，可以这么安慰他：“就算你发泄怒火，总有一天还是会碰到的。”

比如进行裁员的人事专员这次轮到自己被革职了，对为民众发声的批判性文章和讲话表示支持的人反而遭到很多人的批判，总是表达对上司不满的人自己当了上司却被员工表达了不满……

看看人间百态，这种自己也会碰到同样遭遇的事情并不少见。这就是所谓的因果循环吧。只要我们相信，总有一天自己会碰到的，人际关系中令人烦恼的对立和纠纷就会消失了吧。

要点▷ 既有原因，必然会有结果。

希望心怀烦恼的对方直面试炼时▷
“想想这个，还有什么好说的？”

我从乡下来到东京，在大都市一个人生活时，就会想想父母的身影。

于是，父母的口头禅自然而然浮现在了我的脑海中：

“身体是本钱！”

“好好吃饭！”

“尽量自己做饭！”

“这个对身体好！”

“不要担心我们！”

……

工作进行不下去时，就会想想出差了的上司的身影。

于是，我仿佛就能听到他说：“这种时候就要这样做！”我便不再迷茫。

怎么都做不出成果时，就会想想值得信赖的前辈的身影。

于是，我仿佛就能听到他说："要是我就会这么做！"我便试了一下，结果很成功！

想想帮助我的人，我仿佛就能听到他说："你看上去很精神！""你很努力嘛！""我为你加油！"我便鼓起了勇气。

想想已经去世的朋友、熟人和祖父母，我便能在心中感受到他们给我留下的话语，有时会流下泪来。

所以，就可以这样提问。

对因为工作而快要气馁的人说："想想你的孩子，还有什么好说的？"

对自暴自弃的人说："想想你的父母，还有什么好说的？"

对快要走上歧路的人说："想想恋人悲伤的表情，还有什么好说的？"

对失去活下去的希望的人说："想想以前支持你的人，还有什么好说的？""想想你最重要的人，哪怕对方已经不在人世也没关系，还有什么好说的？”

各位也可以想一想，你们的内心一定能感觉到什么。

那就是他们给你留下的话语。

如果能控制自己的情绪，或者对自己的未来有所期待，就积极地开动自己的想象力吧。

要点▷ 当时你所想的事情，会影响你的心情、判断和行动。

帮助陷入低谷的人鼓起勇气时▷

“你要自己鼓励自己！”

听说如今成年人中的宅男宅女越来越多了，当别人找我探讨这个问题时，我会说：“伟大的艺术家也是如此！”

因为艺术家创作时，就会断绝和周围人的联系，自己把自己关在家中。有时为了完成一部大作，需要关自己几年，甚至几十年的时间。

不管是艺术家还是宅男宅女，他们都要与人生中的孤独进行斗争。这个社会上的确有些不太适应社会的人，但这勉强算是一个基于理想的社会，不过这个理想还很远。

冷静地观察着世间百态，我不禁想问一个不怕被误解的问题：那些宅男宅女或者有心理疾病的人，他们作为人类是否算是正常的或者健全的呢？

无论怎么说，人生并不只有一味向前冲这件事。有句话叫作：“一流的人热爱孤独。”有时，停下脚步也很重要，我们必须有独自面对自己的时间。

有时无论做什么事情都不顺利，有时我们讨厌这世上任何事情，遇到不得不忍耐的时候，只能忍耐下去。这种时候，就要自己来积极地鼓励自己。

我不仅会自己鼓励自己，还会自己说服自己。不夸张地说，正因为能做到自己鼓励自己，我才能跨越之前遇到的所有事情。

对了，各位知道陷入低谷难以摆脱消极情绪的人有什么共同点吗？

一句话来说，就是他们不知道自己鼓励自己。

所以，对于这样的人应该说：“没有人可以代替你的人生，所以，你要自己鼓励自己！”

另外，自己鼓励自己时，会产生这样的疑问。

究竟被鼓励的人是自己，还是鼓励的人是自己？

如果能明白究竟哪个才是真正的自己，我相信，他无论遇到什么低谷都不会气馁了。

要点▷ 越是遇到巨大的试炼就越要明白，真正可以依靠的就只有自己。

希望对方谨慎自夸时▷

“话说出口，好运就会溜走的。”

对热衷于自卖自夸的人，我会忠告他：“话说出口，好运就会溜走的。”

因为好运真的会溜走的。

比如我得意地跟周围人自夸从某公司接到个大项目，几天后就发现取消了。比如我正为拿到某公司的录用通知而高兴，那家公司就倒闭了。仔细回想起来还真是不少。我跟部下、后辈说了这些倒霉事后，他们就谨慎地说一些自吹自擂的话了。如果你对这种话非常厌烦，可以试试这句话，保证对方就会住口。

而且，真正的有钱人通常是不怎么自卖自夸的，他们反而喜欢低调的装束，不做什么引人注目的举动，看来可以理解这一点。

不过，堵在心口的一些话还是要尽量都说出来的。

把烦恼说出来心情就会舒畅，有些话说出来胸口就会清爽无比，说出来以后人的心情就会变好。为了自己的身心健康，还是应该慎重选择对象，把想说的话都说出来。

要点▷ 自夸会招致忌妒，烦恼不利于身心健康。

想平复对方的不安、担心与情绪化时▷

“如果有了无论何时都能抛弃一切的决心……”

圣雄甘地说过：“要像明天就要死了一样活着。”

的确，想要全力以赴的时候，连“活着”这种感觉都会成为阻碍。这句我在年轻时就知道的话给了我触动，让我得以对充满不安和担心的人说：

“如果有了无论何时都能抛弃一切的勇气，就没有什么可怕的了！”

“如果有了无论何时都能抛弃一切的决心，烦恼就会消失的！”

“如果有了无论何时都能抛弃一切的决心，这个问题就不是问题！”

充满不安、担心的人与情绪化的人都有个共同点，那就是极度害怕变化。

也就是说，他们害怕失去自己的地位、名誉、所有物、财产，甚至健康，害怕人际关系会发生变化，害怕别人对自己的看法发生改变……

换句话说，他们被“要是变成那样怎么办？”这种想法束缚着。

当然，因为我自己就是一个害怕变化的人，对此非常理解。但是我发现，这样只能带来不安、担心、情绪化而已。

所以，我决心带着无论何时都能抛弃一切的决心活着。

这样一来，我对将来的不安和担心也渐渐消失，无论做什么都能放松下来了。

所以，对那些被“要是变成那样怎么办？”这种想法束缚着的人，可以说说这句话。

另外，不要期望这句话会立刻生效。因为我们大多是通过人生经验来慢慢理解、接受、改变和成长的。

尽管如此，以前听到的一句话还是会隐藏在脑海中，总有一天发挥作用。所以你要相信，你所说的那句话也总有一天会帮到对方的。

要点▷ 没有可以失去的东西，就不会被命运所玩弄。

Chapter Five

一句话获得结果

希望对方拿出成果时▷

“换一种思维方式！”

我遇到过许许多多的人，他们大致可以分为两种，具有封闭性思维的人和具有开放性思维的人。

前者比起内心情感和想法，更注重大脑和知识。就像从字面上看，他们紧闭心门，不怎么表现出自己的情感，因此常给人一种冷淡的印象，让人摸不透他们到底在想什么。

因为他们具有智慧和理性，不会陷于迷信，所以会像机器人那样忠实地执行指示和命令，让人觉得十分可靠。但反过来，却丝毫不通情理……

另一方面，后者比起大脑和知识，更注重内心情感和想法。他们敞开心胸，立刻就能和他人亲近，感情表现得也丰富，能够敏锐地观察对方的心情，做出判断和行动。他们非常机灵，懂得变通。但这也是缺点，因为对自己和对方的内心过于敏感，容易被感情所左右。

所以，没有哪个正确哪个不正确的区别。

那应该用大脑还是内心与他人决一胜负呢？

关键在于在两者间进行转换。

在我指导别人接待客人时，有的人完全像机器人一样按照指导手册行动，一直做不出成果。他们接待客人时的方式，在客人眼中就只是教科书般的工作方式。

所以我指导他们时就说：“能打动客人内心的就是你的内心吧？不要靠大脑思考来进行判断和行动，而要在心中想象客人的心理，询问自己的内心应该做什么，让你的内心作为主角来判断和行动！接待客人的时候，必须转换思维！”

另外，我对部下和后辈也会说：

“在工作中，既有像会议、谈判、事务等需要开动脑筋的情况，也有像接待客人、销售等需要积极用心的情况。究竟该用大脑，还是该用内心，如果不能有意识地转换思维方式，就没法做出令人期待的成果！”

要点▷ 需要用眼睛观察，究竟该用大脑还是该用内心。

感觉对方的言行出现问题，想纠正目的和动机时▷

“原本的目的是什么？”

结婚前单纯地想让对方获得幸福，但结婚后就变成了想让自己获得幸福。

创业时充满热情地想着为了世界，为了人类，但出名之后就变成了为了利益，为了扩大规模，为了超越其他公司。

设立新的部门时踌躇满志地想要努力增强公司的活力，不知何时就专注于拿到预算，把预算用完了。

这种时候，我们的目的和动机就在不知不觉中发生了变化。

所以当你觉得对方的言行出现问题时就该纠正他，进行再度确认：

“你原本的目的是什么？”

“你原本的动机是什么？”

当然，对于自己的判断和行动也同样要注意自问自答，不然自己的目标和动机就会在不知不觉中改变了。

如果变得太多，不能立刻改变判断和行动进行应对，就会跟不上时代的步伐。

尽管如此，要是不停地改变自己所说的话和自己所做的事，对方就会觉得你摇摆不定，可能不会相信你。

这时，我就会明确地说：

“我说的话虽然变了，但目的一点也没有改变！”

“我做的事虽然变了，但动机一点也没有改变！”

各位如果想平复因摇摆不定而造成的不安，就可以试着用一下这句话，肯定能在保留信任的前提下顺利完成的。

要点▷ 开始迷茫时，就回到原点。

鼓励自暴自弃的人时▷

“那么就彻底改变一下自己怎么样？”

我当销售的时候，遇到过这样的事。

在店内特别设置的区域里的展台上，我单手拿着麦克风拼命宣传产品。但客人完全无动于衷，或者说是因为警惕而不敢靠近！

这时，我就躲在招牌和柱子的后面宣传产品。于是，客人也放下心靠近过来。

如果这样客人还不来，我就不用麦克风，而用自己的声音宣传产品。这样有时就会让客人放下心靠近过来。

但如果这样客人还不来，我就会假装去卫生间，暂时离开特别设置的区域，稍微等一会……里面就全是客人！他们这不就拿起了商品表示很感兴趣嘛！

通过销售的工作我想到，在很多情况下使用完全相反的做法反而会进展很顺利。

所以，可以建议那些因诸事不顺而烦恼的人：“那么就彻底改变一下自己怎么样？”

一位名人曾说过：

“当自己真的觉得必须改变的时候，就彻底改变现在的自己吧！”

比如把普通眼镜换成隐形眼镜，把长发剪成短发，不再晚睡而每天早起，从肉食主义改为素食主义，从不喜欢读书到喜欢读书，从不和别人打招呼到学会和别人打招呼，总之要变得完全不同。听说多亏了这点，一个常被欺负的孩子也变得受欢迎起来。

我知道以后，不禁点头称赞。

要点▷ 一定要彻底，模棱两可是没法取得巨大成果的。

安慰他人、希望说服对方时▷
“因为我也是人……”

想安慰心情低落的人时，尽管同情对方，但听到对方冷不丁地问一句：“你能明白我的心情吗？”却很难接下去。

这时，就要说：“对，我能理解，我和你一样都是人嘛。”

如果对方心情低落地说：“你不会理解我的痛苦吧。”就要说：“我和你都是人，我也有过几次伤心欲绝的经历。”

注意要强调“同样都是人”这点，这样对方自然就会接受了。

这句话对“失败”和“不顺心”也有用。

比如干劲十足地打算给新人示范怎么接待客人时，偏偏只有那天客人都不搭理自己，完全起不到示范的作用。毕竟不可能每时每刻都适合做示范的。

这时，只要说：“我也是普通人，也会失败的。”

对方就会坦然接受了。

要点▷ 相处时如果能强调大家都是人，对方就不会拒绝了。

希望对方拿出自信时▷

“你一定要拿出自信！”

我曾经在全国各地的卖场做过促销，不瞒各位，在实际工作前的培训中，我就很清楚自己是参加者中做得最不好的。

然后，我带着不安正式开始了工作。在客人面前，我一直都畏畏缩缩的，在旁人看来，我肯定是个没用的家伙吧。其实，在仅有的一次卖场培训时，我就因为觉得自己实在做不来，几乎决心辞职了。

就是这样的我，之后却在全国各地的卖场刷新了纪录，甚至达到了能接到专门指派的地步。做到这些的契机，是我第一次销售成功的经历。

那是一支被称为全日本最便宜的眉笔，仅卖两百日元。但对我来说，它却有着二十万日元、三十万日元甚至更高的价值，因为我从中获得了自信。

当我有了这种“有志者，事竟成”的自信，就以此为契机猛烈地展开攻势。最后，平均每个人的消费大概在两千到三千日元吧。客户从女高中生到老奶奶都有，单日女性客户的销售目标从二十万日元提到三十万日元，又从四十万日元提升到五十万日元，我在各地都刷新了销售纪录。

所以我对企业里培养人才的负责人说：“刚刚开始工作的新人不缺乏失败的经验，但却很难有成功的经历。这时，如果一开始就给他太大的目标，就会让对方觉得自己肯定做不到，从而产生放弃的想法，所以要给他准备成功的机会。当他获得自信时，就算默不作声，也是会进步的。”

另一方面，我对即将开始工作的新人也说：

“各位不要奢求太大的成功，体验一下小小的成功就可以了！与之相对的，一定要拿出自信！”

要点▷ 比起看得见的结果，更要重视内心受到的影响。

当新人或后辈的工作陷入瓶颈时▷

“那就去找前任负责人吧。”

我当杂志编辑的时候，中途负责过几次连载作品。我以前一直主要做记者，本以为这份工作就是把专题告诉各位名人、专业人士、新闻工作者等撰稿人，收取稿件，审核质量，再登上杂志就行了，我才轻易就接下的，这却是个天大的误解。

当时，外部送来的稿件主要还是手写。

有一次，我收到一位重量级作者用传真传来的稿件。结果他的字太过潦草，我完全读不懂！虽然这么说很失礼，但字的笔画真的就像蚯蚓爬出来的一样，让我彻底投降。于是我诚惶诚恐地向那位重量级作者询问：“您能写得稍微好懂一些吗……”结果对方斥责了我：“你这也算是编辑吗！”我甚至还被叫到总经理室大骂一通：“你这也算是我们公司的编辑吗！”跟上司商量后，上司说：“那就去找前任负责人吧。”所以，我就去找了前任编辑商量，对方认真地帮我把那份难以解读的稿件翻译过来了。

前任编辑对我说：“你看到稿件的时候吓了一跳吧？我第一次负责的时候，也在想这哪儿是日语啊！所以把手写版输成电子版时费了好些时日呢。不过，接触久了，就算不喜欢也习惯了，不用担心！”

另外，关于其他的撰稿人，他也给了我一些建议：

“这一位最讨厌别人擅自修改他的文章和标点，所以修改的时候必须得到他的同意。他晚上不接电话，要想联系他只能趁早上。”

“这一位不会遵守截稿时间，总之还是早一点去找他写比较好。而且你对这方面比较熟悉，最好跟他见一面。”

“这一位你不要用传真跟他联系。如果你不直接去他事务所跟他讨论稿件，他是不会写文章的。第一次去的时候要带 ×× 家的点心，这样他会比较高兴。”

听到这些，我不禁明白这是一份多么辛苦的工作，同时自然也知道了，比起总经理和上司，前任编辑才是一个厉害的角色啊！

所以当新人或后辈的工作进入瓶颈期时，我就会建议他们去找一下他们的前任负责人。

要点▷ 去询问实际经历过的人是最有效的。

拜托他人、希望能确保结果时▷

“你确信吗？”

应该怎样做才能提升营业额呢？

应该怎样做才能让店里生意兴隆呢？

有时会有人找我咨询这些问题，这种时候我会反过来询问对方：

“你确信别人用了这个商品后就绝对不会弃用吗？”

如果不能确信，就有必要重新审视商品的设计和开发。

“你确信别人吃了这顿饭之后绝对还想再来吃吗？”

如果不能确信，最好重新考虑一下菜单。

“你确信别人使用了这项服务后就绝对会喜欢上它吗？”

如果不能确信，就必须重新看待服务的内容。

因为一家个体商店的生意兴隆与否，是靠经营者对这点是否确信而决定的。

其实生意越兴隆，就越没有必要特地找外人商量，因为你自己就能确信这个结果。

毫不夸张地说，生意是否兴隆取决于与之相关的人有多确信这件事。

比如新人和老手同样去接待客人，结果却完全不同。举个极端的例子，就算做同样的事，新人就会遭到投诉，而老手则会收到感谢信。

这也是因为新人在接待客人时大多会不安、担心，而这种情绪会施加到客人身上，导致他们无法取悦客人。

但老手接待客人时心中充满了确信。

就算你们做了相同的举动，如果心境不同，结果也会发生变化。

从此前培养人才的经历中，我深深地感觉到，专业和业余的差距就在于“确信的差距”。

所以接到非常重要的工作时，要询问自己：“你确信你肯定能做到吗？”“你确信你绝对能满足对方吗？”

要点▷ 不管行为怎样相同，随着确信程度的不同，结果也会变化。

听到别人盲目相信传闻、希望对方能冷静判断时▷

“你实际确认过了吗？”

社会因为网络的出现而变得十分便利。

但另一方面，各种信息泛滥，人们会轻易相信谎言和传闻，被信息所左右。所以，必须确认信息的真伪。

我以前在媒体界做过记者和编辑。

在我还是个新人时，上司就经常充满热情地指导我：

“新闻是用双脚跑出来的！”

“不要相信自己没有采访过的东西！”

“一定要亲自采访当事人！”

“不要囫囵吞枣地接受其他媒体的新闻！”

“报纸上就算写了事实，也没有写真相！”

“一定要挖掘出背后的真相！”

的确。

比如可信的人提供了素材，尽管自己毫无疑问全盘相信，但实际去采访时却发现这与事实完全不符。

就算是大报社在全国发行的报纸，知名的出版社出版的月刊，或周刊杂志上刊载的文章，实际进行采访后也会发现事实完全不同。

真的去采访风评不好的人，结果发现其实散布不好风评的一方才是恶意的。

这些事我都经历过，并且不是个案。

所以，当你听到别人盲目相信消息并且说“关于那件事听说 ××……”“×× 上面写了……”“×× 好像……”“网上说好像……”的时候，就可以说：

“你实际确认过了吗？”

要点▷ 面对信息时要思考，“如果这不是真相呢？”

希望对方能乖乖改正，不经意地提醒时▷

“可能……”

“绝对是这样比较好！”

“不要这样！”

“不这样不行啊！”

“这个错了！”

就算为对方着想而提出建议，如果不想个好方法，反而会遭到反驳和反抗，也会伤害对方，或者可能会破坏双方的信任。

那应该怎么办呢？可以改用这种说法：

“可能……”

“……吧？”

“……对吧？”

这样就会给对方留下温和的印象，不会让对方产生强迫感了。

比如可以说：

“你可能错了。”

“你可能需要改变一下做法。”

“你冷静一下吧。”

与其把自己的意见强加给对方，不如让对方自己察觉到这点。

当然，我在培训时也会说：

“可能需要试一下这个。”

“可能需要改一下这个。”

“改成这样更好吧？”

这样大家就会露出恍然大悟的表情，乖乖接受了。

要点▷ 越是强行决定，逼迫对方，越容易招来反驳。

希望对方能实现梦想和希望时▷

“那么，要不要聆听一下他的教诲？”

真的实现了当运动员梦想的人，就有在儿时直接接受自己崇拜的运动员指导的；集众人尊敬于一身的企业家，就有在年轻时受到过自己尊敬的企业家熏陶的。

对真正追求梦想的人来说，就该认识那个领域的知名人士，聆听一下他的教诲。毫不夸张地说，如果真的想实现梦想，就有必要实际去见一见这个领域的名人，聆听一下对方的教诲。

所以我会建议别人：

“如果你想成为像那位老前辈一样的人，就去聆听一下他的教诲吧！”

“如果你想变得像你崇拜的那个人一样，不如去聆听一下他的教诲？”

“如果你尊敬那位老师傅，就应该去聆听一下他的教诲！”

据我所知，有过这种经历的人都在实现着他们的目标和梦想。所以，聆听得越多，越容易提升自己。

近来，有个碰到严厉上司的人跟我抱怨：“部下没法选择上司。”“上司很严格。”

我就鼓励他说：“聆听一下他的教诲，能让你获益匪浅的！”

因为我认识的那些充满吸引力的人，他们的共同点就是，不管自己是不是主动的，都聆听过很多人的教诲。

要点▷ 和一流的人接触，不仅能提升自己，也是重要的经历。

希望对方能认真听取自己的意见时▷

“这会体现你的为人。”

有一天我接受宴请时，同席的部下不顾及他人的用餐节奏，吃饭时不断发出声音，大口大口地吃着自己喜欢的食物，毫无顾虑地添饭添菜。

趁着对方离开座位时，如果训斥部下：

“笨蛋！吃饭的时候要注意尊重他人！”

“吃的时候不要发出声音！”

“稍微客气点！”

“看清楚场合！稍微要点儿脸！”

……

对方可能面子上很下不来。

所以，应该用这样一句话来代替：

“吃饭时的状态会体现你的为人。”

这样，对方就会变得注意礼仪了。

另外，如果对需要注意措辞的年轻女员工劈头盖脸地训斥：

“你是怎么说话的！给我去学敬语！”

说不定对方从第二天起就会沉默不语了。

所以，应该平和地说：“你的措辞会体现你的为人。”

大家一起打扫卫生时，如果说：“要把每个角落都打扫干净！”就没有什么震慑力，这时就可以说：“打扫时的状态会体现你的为人。”

“为人”这个词是有重量的。

所以大家都会认真接受，回应别人的期待。

它不仅可以用于斥责他人，也可以褒奖他人。

比如部下努力完成了自己布置的工作，就可以说：

“这份工作体现了你的为人，非常完美！”

“谢谢！你果然不负所望展现了你的为人，内容非常棒！”

听到别人褒奖自己的“为人”，没有人会不高兴吧。

要点▷ 用了“为人”这个词，对方就会认真听取的。

希望对方能完成目标、达到目的、产生责任感时▹
“尽管如此，这也是你自己决定的吧！”

对总抱怨自己公司和上司的人可以说：

“尽管如此，这也是你自己决定的公司吧！”

这样对方就会安静了。

对总抱怨自己工作的人可以说：

“但这是你自己决定的工作吧？”

这样对方就会安静了。

对总抱怨自己丈夫或妻子的人可以说：

“但这是你自己决定的伴侣吧？”

这样对方就会安静了。

我们会在不知不觉中忘记，“现在”是由自己决定的。

所以要让对方注意到他自己决定的事情。

这样对方就会安静下来了。

为了达到公司设置的目标和部门决定的目标，需要对员工进行彻底的管理。但管理层却对部下非常头疼：

“部下的动力不足！”

“他们做本职工作时没有责任感！”

“他们对职务没有使命感！”

既然这样，就该让他们自己决定目标。

到时候说：“这是你自己决定的目标吧？”对方就会一直坚持到最后。

我在培训时也说过：“工作中不要只想着公司和上司制定的目标，自己也要有自己的目标。当然，有梦想和希望也可以，这样工作就会有干劲。”

要点▷ 要让对方明白，“现在”是由自己决定的。

指点提醒他人时▷

“老天爷会主持公道的！”

提醒上司、前辈、客户等比自己地位高的人时需要留意，否则可能会被对方无视的。

但如果对方做出需要提醒的事情，比如随意丢弃烟蒂、公私不分、肆意妄为等，还是要提醒的。

这时就可以说：

“老天爷会主持公道的！”

“××，老天爷会主持公道的！”

“这样做老天爷会主持公道的！”

“老天爷会发怒的！”

这样别人听到后，就会开玩笑应付过去，并做出改正，或者表示赞同乖乖接受，又或者注意到自己的错误后笑着说抱歉。

如果用居高临下的角度提醒的话，就会形成隔阂。

这样可能会让人觉得，虽然说得有道理，但未免太过自大。

所以要借着“老天爷”说出口。

我曾想过，这个世界上最有名、影响最大的人是谁？带着这个疑问，我对耶稣的生平产生了兴趣，买了几张DVD翻来覆去地看了几遍。

其中有个耶稣愤怒的场景。

耶稣在神殿中，对于商人出售献给神的动物祭品之事大发雷霆：“神不要这种东西！”然后把他们做生意的用具踢得粉碎。看得我有些吃惊。因为我本以为他那么高贵，肯定不会生气呢。

各位觉得无论何时都不会因为冲动而发怒是一种美德吗？

如今，越来越多的人开始不批评部下、后辈和孩子，但应该批评他人时，还是要批评的。如果能借助老天爷之口，就能避免人际关系发生破裂了。

要点▷ 借助老天爷之势就会避免产生隔阂。

想给对方留下好印象、想表现得更积极时▷

“正因为如此，才能……”

我曾经负责过再就业方面的讲座，有人因为担心面试时会给面试官留下不好的印象，苦于无法说出事实，找我咨询是不是应该说谎或隐瞒事实。

我便对他说：“没有任何一个人的人生是百分之百完美的。所以关键在于做到全盘肯定自己之前的经历，并找出有价值之处。”

比如，面试官问起为什么辞职时，如果诚实地回答因为处理不好人际关系，很容易让面试官担心你会不会还在这方面摔跟头。

但如果加上一句肯定的话：“正因为如此，我才深刻地明白了注意遣词造句的重要性。”就能改变给对方留下的印象。

又或者如果在对方询问是否因为健康问题而离职时连连表示肯定，就会让面试官担心能不能招你进公司。所以，如果挺起胸膛说："正因为如此，我现在彻底地进行了自我管理，我相信自己比谁都要健康！"这样，对方的担心就会不翼而飞。

甚至对方面露难色表示你换工作太多时，如果说："正因为如此，我才能明白工作中什么是最重要的，并找出自己的优势来。"对方就会露出理解的表情了。

另外，在说了一个人或者一个公司很多坏话后，如果能在最后加上一句肯定的话，比如："尽管如此，我真的觉得幸好遇到过……""但是我很感谢对方让我学会了……"就会给别人留下积极的印象，让人觉得你是个积极乐观的人。

正因为能对过去发生的事情进行肯定，才能从各种经验中有所收获。不用说，越是积极乐观的人，越会积极地肯定现实。

只是在最后加上一句肯定的话，就能改变你给他人的印象。我觉得极具魅力的领导者都能做到这一点。

要点▷ 如果能做到全盘肯定，就会发现自己没有虚度人生。

发现对方总是怀有负面情绪时▷
“别人是会感觉到你的情绪的。”

各位有没有过这样的经历？

当你想着某个朋友怎么样时，对方就会来联系你。

当你觉得不擅长和某个人打交道时，对方就会渐渐表现出疏远的态度。

在会议上发表了一个好创意，结果几天后其他公司就做出来了。

这说明人的想法和情绪是会传播的！

所以，如果发现对方总是带着负面情绪哭哭啼啼、闷闷不乐、磨磨蹭蹭时，就要不失时机地插一句忠告：

“别人是会感觉到你的情绪的。”

这样对方就会将各种情绪和想法藏在心里。

无论何时都保持一颗平常心非常艰难。

也就是说，没有什么比完全控制自己更难的了。我们每个人都要意识到这场自己与自己的战斗啊。

要点▷ 内心的状态可以改变你的判断和行动，甚至你的人生。

希望对方认真对待事情时▷
“你不认真的话，我也没法认真。”

各位有没有过这样的经历？

有人找你倾诉梦想和希望“我想当……”“我想克服……”“我想实现……”并寻求建议时，你对对方说“这样比较好”“应该这样做”“应该专注于这方面”等，但对方却回了这样的借口：“我做不到这个！”“做这个肯定不行！”“没有时间做这个！”“没空做这个！”

于是，你想给对方加油的心情也一下子冷淡了下来。

有过这种经历的上司和前辈应该不少吧？

下定决心实现梦想的人绝对不会说出这样的借口。就算心中这样想，也不会轻易说出口。

放下一切，先做能够实现梦想和希望的事情。

正因为如此，他们才能实现梦想和目标。

因为他们为了实现梦想和希望，能够集中自己的力量。

有句古话说得好，要想获得什么，就必须有所牺牲。

这是事实。

所以，当你给他人提出建议对方却拿出借口时，你就可以这么说：

“一张嘴就是借口，说明你还不够认真。你不认真的话，我也没法认真。”

对那些感觉没拿出干劲的人也可以这么说：

“因为你不认真，对方就没有认真对你。”

“你要是不认真的话，对方也不会认真的！”

如果想受到上司和前辈的青睐，就尽量不要在对方提出建议后找理由，不然很可能失去对方的帮助。

要点▷ 要是一张嘴就是借口，说明还是不够认真。

希望对方保持谦逊、不忘敬意时▷

“你能做到吗？”

应该不止我一个人觉得，网上到处都是随心所欲的意见、独断和偏见吧。

那些自己都没有尝试过的人就在那儿随便下结论，随便解释，随便批判别人，让人有些恼火。

我做培训讲师时，收到的学生调查问卷中，有人这样写道：“您的意见就像评论员一样。”令我沉吟许久。不禁在心中默念：“你能做到这一点吗？”

所以，每当我严厉地对对方提出意见时，我都会询问自己：“究竟我自己能做到这点吗？”

碰到对他人毫无谦逊与尊敬之意、不明白自己的立场就随便发表意见的人，就可以这样忠告他：“你能做到吗？”“你可以吗？”

我始终无法忘记以前听到过的一席话。

一位某文学奖的获得者说："比起那些没有经历过创作，没有品尝过其中酸楚的人给我的祝贺，我更乐意听到那些与我一起向着这个奖项努力，相互切磋进步的人给我的祝贺。"我对此深表赞同。

正因为现在这个时代谁都可以发表言论，才更要询问自己有没有说这些话的资格。

要点▷ 审视自己和对方的经历后再发表言论。

硬下心肠批评训斥他人但不想留下隔阂时▷

“我完全没有恶意。”

每个人都有需要硬下心肠的时候。

比如训练时，指导的人为了让对方认真做事，拿出干劲振作起来，有时会大声怒吼。认真指导部下的上司，也需要硬下心肠。如果不管发生什么事都微笑着原谅对方，他是不可能成长的。

交友时也是如此，对对方睁一只眼闭一只眼并不是为他好。有时必须硬下心肠批评对方，你们才能算是真正的挚友。

育儿也是个恰当的例子。有时如果不能硬下心肠训斥孩子，就会把他培养成一个以自我为中心的人。

我也硬下心肠训斥过别人。在教育、指导别人时，我并不畏惧被他人厌恶，有时必须扮演一个“讨厌的人”。

所以我会严厉地斥责他人，也会爆发出怒火，也会不留情面地批评对方。毕竟每个人都有需要硬下心肠的时候。但如果这样就结束了，就会给双方留下糟糕的后遗症。

所以，在斥责、指点、批评他人之后，需要微笑着加上一句话：

“我对你完全没有恶意。”

这样，那种糟糕的后遗症就不会一直持续下去了。

要点▷ 寻求理解时，要清楚地传达出自己的想法和动机。

给出最合适的判断、最恰当的建议，希望对方提高工作质量时▷

“稍微等一段时间吧。”

现在这个时代，无论什么都要求越快越好。不可否认，高速给人一种廉价的感觉。

但千万不要忘记，任何事情都要分情况看待。

比如急急忙忙地回完邮件后，才担心刚才的邮件会不会有些失礼，慌张地发现还有内容应该告诉对方，或者发现自己弄错对方邮件的内容了，等等。

又比如急急忙忙地写完计划书和会议的资料，交上去以后才发现漏了重要信息而伤神不已，重读了一遍才发现不太容易理解，对完成效果不太满意，等等。

肯定有不少人有过类似的经历吧。

而且，接待客人时也不是越快越好。客人的年龄越大，讲话和结账时应对的速度就会越慢。毕竟不是什么事都越快越好。

所以，部下找你商量时，你可以根据对方的内容，说一句："稍微等一段时间怎么样？""稍微等一段时间吧。"

正如有句话所说，让时间来解决。这样，原本烦恼的事情不再烦恼，原本深刻的问题变成小的问题。

另外，让别人写文书和汇报资料时，也可以说：

"完成了以后稍微等一段时间再读读看。"

"这份工作不是很急，完成以后稍微等一段时间，一定要重新看一遍。"

这样对方就会如你所愿，提交出完成质量很高的资料了。

尤其是在年轻人中，有很多人重视速度，无论是下决定还是工作都觉得越快越好。但不要忘了，稍微等一段时间后，就能做出准确的判断，还能提高效率。

要点▷ 故意等一段时间，就会产生好结果。

希望对方能实现目标、完成个人成长时▷
“那就用自问自答来引导自己吧！”

“让自己成长的秘诀是什么？”

经常有参加培训的学生问我这个问题。

我有时会根据对方的情况提出很多建议，但对这个人我是这样回答的：

“对各种各样的事情怀有疑问，经常进行自问自答。”

比如：

“服务是什么？”

“人生是什么？”

“工作是什么？”

“从这次经历中，你应该学习什么？”

“这次相遇究竟有什么意义？”

……

这种情况下我都会自问自答。

甚至过了十年，直到现在我还有可以反复进行自问自答的主题。

不过，我认为能不能得出答案并不是很重要。

持续思考这件事本身才有意义和价值。不然我也不会给那么多人提出建议，也写不出那么多书了。

所以，可以对目标远大的部下和后辈说这句话：

“那就用自问自答来引导自己吧。”

当别人来问我怎样才能写书时，我也会这样建议道：

“如果能反复进行非常深刻的自问自答，肯定能写出一两本书的。”因为重复进行自问自答以后，想说的话和想写的文字就自然而然地涌现出来了。

对了，各位知道在各个领域有名气的人有什么共同点吗?

就是自问自答。在自己接受之前，一直重复深刻的自问自答过程。

如果碰到优秀的人，各位就可以问一问他们平常都进行怎样的自问自答。

这是自己让自己成长的原动力。

要点▷ 专业人士经常反复对自己进行自问自答。

希望对方拿出干劲时▷

“只有人的可能性是平等的。”

我培训过很多学生。有的是公司和上司看好的新人，却在工作中遇到瓶颈离职了。有的人因无法很好地表达出自己的想法而苦恼，却在某个阶段后不断进步并拿出成绩让上司大吃一惊。这种事情时有发生。

我注意到，越是完全不受期待的人发生巨变的概率越高。

各位应该听过不少讲师开的讲座吧，不妨看看他们的职业生涯。

其中肯定有不少人经历了失败和当过吊车尾后翻身的。

所以，可以这么鼓励培训的学生：

“无论顺利还是不顺利，只有人的可能性是平等的。”

要点▷ 对方越是处于底层，翻身的概率就越高。

后 记

建立起用一句话就能沟通的关系，或许是我人际交往中的一个目标吧。因为无论是上司和部下的关系，还是和客人客户的关系，如果用一句话就能沟通，就说明这段关系比较成熟。关系越是成熟，越可以仅用一句话就充分清楚地表达自己的意思。

不过，语言的影响力会因各自的立场而不同。比如同样的一句话，对经理和对员工的影响力就完全不同。

而且，根据那句话有着怎样的动机和理由、包含了怎样的感情、采取了怎样的态度，给对方产生的印象和效果也有些微的不同。

进一步来说，根据个人的性格，有的话能让人释怀，有的话让人露出笑意，反之，有的话也会让人愤怒。

现在这个时代，任何人都可以轻易传递信息和话语。正因为如此，才要比以前更加考虑对方的立场，开动想象力，慎重选择措辞，有时也要避免说话，这一点有多重要毋庸置疑。也就是说，我们活在一个彻底考验交流能力的时代，正是一个磨炼一句话能力的好机会！

我提出想写这本书时，说实话，我非常不认为自己有这个资格。因为我的人际关系并没有那么值得令人夸耀，没有那么华丽和优秀。而且我担心在书写过程中，我会对自我解剖暴露隐私这件事怀有抵触情绪，会美化自己的发言，有自卖自夸的嫌疑，对此情绪比较消沉。

不过，我的责任编辑——PHP 研究所生活教养出版部的大岩央编辑和我交流时对我说："既然这样，就先写写看吧。"这句话让我变得积极起来。在写书的过程中，大岩央编辑也跟我说了很多"一句话"来提升我的动力，这也是使我笔耕不辍的原动力。所以，如果没有大岩央编辑的帮助，这本书就不会诞生。对此我深深表示感谢，真的非常感谢。

此外，代理这次策划的 Archiledge 公司董事长后藤秀行先生也给了我很多照顾，借此表达我真挚的谢意。

如果这本书能稍微帮助各位建立起充实的人际关系，那么我就非常高兴了。

感谢各位能读完这本书。

★ 如果有读者从事服务、零售、销售等行业，想磨炼自己与顾客交流的能力，可以同时参考以下几本书：《高级销售守则》《知之非难行之不易的销售守则》《知之非难行之不易的店长守则》（均为明日香出版社出版）。

作者简介

山岸和实

Lead Consulting 法人代表。

参与过多家著名化妆品品牌的现场促销，曾同时接待过十到三十名顾客，因其绝佳的销售成果跃至顶点。担任过业界报纸和经济杂志的记者和编辑，采访过上市企业的老总、政治家、名人等各个阶层的人。

后转职为顾问，利用之前的工作经验，面向服务、零售、销售岗位的人举行培训、开办讲座。除此之外，也面向大学生、公务员、管理层、创业人士等各个阶层举办演讲和讲座。

作者简介

东日本大地震后在灾区以理疗师的身份经营康复中心，另外也发表演说、撰写书籍。

著作有《知之非难行之不易的销售守则》（明日香出版社出版）等。

联系方式：leadconsuloffice@gmail.com

图书在版编目（CIP）数据

话要这么说，人要这样带 / (日本) 山岸和实著；蓝朔译. -- 北京 : 北京联合出版公司, 2016.9（2020.5重印）

ISBN 978-7-5502-7877-6

Ⅰ.①话… Ⅱ.①山… ②蓝… Ⅲ.①管理学 Ⅳ.①C93

中国版本图书馆CIP数据核字(2016)第232512号

版权登记号 01-2016-6648

NINGENKANKEI GA UMAKUIKANAINOWA SONO'HITOKOTO' GA TARINAIKARADA

First published in Japan in 2014 by PHP Institute, Inc.
Shimplified Chinese translation rights arranged with PHP Institute, Inc.
through Bardon-Chinese Media Agency

话要这么说，人要这样带

作　　者：（日）山岸和实
总 发 行：北京时代华语国际传媒股份有限公司
责任编辑：徐　樟　徐秀琴
封面设计：红杉林文化
内文设计：蒋美兰
责任校对：蔺亚丁

北京联合出版公司出版
（北京市西城区德外大街83号楼9层　100088）
唐山富达印务有限公司印刷　　新华书店经销
字数140千字　787毫米×1092毫米　1/32　6.5印张
2016年10月第1版　2020年5月第13次印刷
ISBN：978-7-5502-7877-6
定价：32.00元